THE PETROLEUM LAW
OF TURKMENISTAN

(Law of Turkmenistan On Hydrocarbon Resources)

Закон Туркменистана «Об углеводородных ресурсах»

CONTENTS

Intentionally left blank

PREFACE

The Law of Turkmenistan "On Hydrocarbon Resources", also known as the Petroleum Law of Turkmenistan was adopted on 20 November 2008 with the Decree of the President of Turkmenistan No. 208-III dated 20 November 2008.

Subsequently it has been amended on 12 March 2010 (Law No. 96-IV), 4 August 2011 (Law No. 217-IV), 1 October 2011 (Law No. 238-IV), 4 May 2012 (Law No. 302-IV), 22 December 2012 (Law No. 368-IV), and on 12 September 2016 (Law No. 436-V).

Present edition of the Petroleum Law reflects all amendments, addendums and omissions as of 1 March 2017.

THE PETROLEUM LAW OF TURKMENISTAN

(Information of Turkmenistan Parliament, 2008, No.3, Article 40)
(Including amendments and supplements introduced on basis of the Laws dated 12.03.2010 No. 96-IV, 04.08.2011 No. 217-IV, 01.10.2011 No. 238-IV, 04.05.2012 No. 302-IV, 22.12.2012 No. 368-IV, and 12.09.2016 No. 436-V).

This Law provides the legal basis for any relations, which may arise during exploration for, or production of petroleum and other petroleum operations within the territorial jurisdiction of Turkmenistan, including the Turkmen sector of the Caspian Sea, and is intended to ensure resource management and the conservation of Turkmenistan's natural wealth for the benefit of future generations.

ЗАКОН ТУРКМЕНИСТАНА «ОБ УГЛЕВОДОРОДНЫХ РЕСУРСАХ»

(Ведомости Меджлиса Туркменистана, 2008 г., № 3, ст.40)
(С изменениями и дополнениями, внесёнными Законами Туркменистана от 12.03.2010 г. № 96-IV, 04.08.2011 г. № 217-IV, 01.10.2011 г. № 238-IV, 04.05.2012 г. № 302-IV, 22.12.2012 г. № 368-IV и 12.09.2016 № 436-V).

Настоящий Закон устанавливает правовые основы отношений, возникающих в процессе разведки, добычи углеводородных ресурсов и выполнения других видов нефтяных работ на территории Туркменистана, включая туркменский сектор Каспийского моря, и направлен на обеспечение рационального использования углеводородных ресурсов и сохранение природных богатств Туркменистана для будущих поколений.

CHAPTER I – GENERAL PROVISIONS

ГЛАВА I - ОБЩИЕ ПОЛОЖЕНИЯ

Article 1. Terms and definitions

Статья 1. Основные понятия

The key terms as listed below shall have the following meanings in this Law:

В настоящем Законе используются следующие основные понятия:

Clause 1 shall be deemed null and void in accordance with the Law of Turkmenistan No. 436-V dated 12.09.2016.

Пункт 1 утратил силу Законом Туркменистана от 12.09.2016 г. № 436-V.

2) Block - an inland or offshore domain, which is fully or partially under the jurisdiction of Turkmenistan and appropriately delineated on a special block-location map.

2) Блок - участок территории на суше или на воде, находящийся полностью или частично под юрисдикцией Туркменистана и соответствующим образом обозначенный на специально составленной карте блоков.

3) Internal Water Basins - lakes, artificial water reservoirs and other surface water circumvented by land under the jurisdiction of Turkmenistan.

3) Внутренние водоёмы - озёра, искусственные водохранилища и другие водные поверхности, окружённые сушей, находящиеся под юрисдикцией Туркменистана.

4) Production (operations) - all types of operations for conventional recovery of Petroleum or enhanced recovery, its treating, storing, handling, transporting, metering, delivery and marketing (sale) of oil (including the share of oil of the State Concern) as well as other operations, including construction of infrastructure facilities or any other construction projects, buying and hiring of tangible and intangible assets pursuant to the Agreement or on instructions from the State Concern.

4) Добыча - все виды работ по извлечению из недр Углеводородных ресурсов первичными методами или с искусственным поддержанием энергии пласта, хранению, подготовке, погрузке, складированию, транспортировке, замерам, доставке и маркетингу (продаже) Углеводородных ресурсов (в том числе доли Концерна) и другие виды деятельности, в том числе осуществление строительства объектов инфраструктуры и иного строительства, приобретение и аренда материальных и нематериальных активов, в соответствии с Договором или по поручению Концерна.

5) Contract - agreement entered into between the Concern, and a Contractor for the conduct of Petroleum Operations.

5) Договор - соглашение, заключаемое между Концерном и Подрядчиком, на проведение Нефтяных работ.

6) Contract Territory - the area delineated and defined by geographical coordinates, as described in the Appendices to Contract, within which Contractor is allowed to conduct Petroleum Operations.

6) Договорная территория - оконтуренная и определённая географическими координатами территория, в пределах которой Подрядчику разрешается проводить Нефтяные работы и описание которой даётся в приложениях к Договору.

7) Concern is a corporate legal entity (the

7) Концерн - юридическое лицо, которое в

The Petroleum Law of Turkmenistan (20 November 2008)
Закон Туркменистана «Об углеводородных ресурсах» (20 ноября 2008 года)

Page | Страница 11 / 86

CHAPTER I – GENERAL PROVISIONS

State Concern "Turkmennebit" and the State Concern "Turkmengaz") empowered to exercise management control and use of hydrocarbon resources of the State in accordance with this Law and Executive Orders of the President of Turkmenistan.

8) License - the legal instrument instituted in the form of legal act and issued by the Concern to Contractor and Operator, granting the right to carry out Petroleum Operations or certain types of Petroleum Operations in accordance with the provisions of this Law.

9) Person - a legal person, whether an individual natural person or corporate body.

10) Commercial Deposit - a discovered hydrocarbon deposit which, after consideration of all relevant data and of the operative, technical and economic factors could be developed commercially pursuant of the terms of the Contract.

11) Petroleum Operations - any exploration or production operations carried out under the Contract.

12) Normal Atmospheric Pressure and Temperature - pressure of 1.01325 atmospheres and temperature of 60 degrees Fahrenheit.

13) License Holder - any Person granted a License pursuant to this Law and other laws and regulations of Turkmenistan.

14) Discovery - any discovery of new petroleum deposit within Contract Territory, an appraisal (period) may be required for the Contractor to determine whether the discovery could be developed as Commercial Deposit.

15) Operator - any Person whose activity consists in the immediate daily and

ГЛАВА I – ОБЩИЕ ПОЛОЖЕНИЯ

соответствии с настоящим Законом и актами Президента Туркменистана наделено полномочиями по управлению и использованию углеводородных ресурсов (государственные концерны «Туркменнефть» и «Туркменгаз»).

8) Лицензия - юридический инструмент, выраженный в форме правового акта, выдаваемый Концерном Подрядчику и Оператору и предоставляющий право на проведение Нефтяных работ либо отдельных их видов в соответствии с положениями настоящего Закона.

9) Лицо - физическое или юридическое лицо.

10) Месторождение промышленного значения - месторождение Углеводородных ресурсов, которое после его открытия и изучения всех соответствующих данных, оперативных, технических и экономических показателей может быть освоено в промышленных масштабах в соответствии с условиями Договора.

11) Нефтяные работы - все работы по Разведке и Добыче, осуществляемые в соответствии с Договором.

12) Нормальные атмосферное давление и температура - давление 1,01325 атмосфер, и температура 60 градусов по Фаренгейту.

13) Обладатель лицензии - Лицо, получившее Лицензию в соответствии с настоящим Законом и иными нормативными правовыми актами Туркменистана.

14) Обнаружение - любое новое обнаружение Углеводородных ресурсов, которое было осуществлено на Договорной территории, и в случае необходимости может быть объектом оценки для определения Подрядчиком того, является ли данное обнаружение Месторождением промышленного значения.

The Petroleum Law of Turkmenistan (20 November 2008)
Закон Туркменистана «Об углеводородных ресурсах» (20 ноября 2008 года)

Page | Страница 12 / 86

concurrent Petroleum Operations on behalf and upon authorization of the Contractor pursuant to Operator's License.

16) Contractor - Person(s) who is (are) License Holder(s) and has (have) entered into a Contract with the Concern pursuant to this Law.

17) Regulations, the – "Rules for Development of the Hydrocarbon Fields of Turkmenistan" of 22 October 1999.

18) Natural Gas - hydrocarbons that are in the gaseous state at Normal Atmospheric Temperature and Pressure associated or non-associated to Crude Oil.

19) Field pipeline - engineering facility comprising any surface, submarine and other structures used to transport produced Petroleum to Delivery Point.

20) Delivery Point - a point (points) within the Contract Area or otherwise where produced Petroleum is delivered to, where the Petroleum is measured and each party to the Contract receives its share of Petroleum.

21) Exploration (Operations) - geological, geophysical and other operations performed with a view to Discovery of Petroleum and carried out pursuant to the Contract, including among others the drilling of shot holes, core holes, stratigraphic test and other wells, conduct of GPS surveys, purchase and/or leasing of tangible and intangible assets.

22) Parent Company - a legal person that owns more than 50% of the shares or the controlling stake of the Contractor, thus being capable to manage and execute control over the Contractor.

23) Affiliate - a legal person, which executes control over the Contractor, or is

15) Оператор - Лицо, деятельность которого состоит в непосредственном ежедневном и текущем оперативном осуществлении Нефтяных работ от имени и по поручению Подрядчика в соответствии с Лицензией Оператора.

16) Подрядчик - Лицо (Лица), являющееся Обладателем Лицензии и заключившее с Концерном Договор в соответствии с настоящим Законом.

17) Правила разработки - Правила разработки углеводородных месторождений Туркменистана от 22 октября 1999 года.

18) Природный газ - углеводороды, находящиеся в газообразном состоянии при Нормальных атмосферном давлении и температуре, попутные и непопутные к Сырой нефти газы.

19) Промысловый трубопровод - техническое сооружение, включающее в себя также наземные, подводные и иные объекты, коммуникации и оборудование, используемые для транспортировки Углеводородных ресурсов от места Добычи до Пункта доставки.

20) Пункт доставки - пункт или пункты в пределах Договорной территории или за его пределами, куда доставляются добытые Углеводородные ресурсы, в которых производятся их замеры, и где Стороны договора в соответствии с Договором получают свою долю Углеводородных ресурсов.

21) Разведка - геологические, геофизические и другие работы, включающие в себя также бурение шпуров, отбор кернов, стратиграфические испытания, бурение скважин, аэрокосмические съёмки, приобретение и аренду материальных и нематериальных активов, проводимые в целях открытия месторождений Углеводородных ресурсов и осуществляемые в соответствии с Договором.

The Petroleum Law of Turkmenistan (20 November 2008)
Закон Туркменистана «Об углеводородных ресурсах» (20 ноября 2008 года)

Page | Страница 13 / 86

controlled by such Contractor, or is controlled by another legal person, which at the same time executes control over the Contractor. For the purposes of this definition, the control is understood as the power to define the strategy of the legal person or the Contractor through direct or indirect ownership of more than 50% of the voting shares, thus enabling management and control.

24) Services - certain Petroleum Operations carried out pursuant to a Contract for Services at risk.

25) Joint Venture - the activity carried out by an aggregation of Persons, without constitution of a new legal entity, jointly participating in the supply of technical, financial and other resources to implement the Contract concluded between the Concern and such aggregation of Persons.

26) Contracting Parties - the Concern and the Contractor who entered into the Contract.

27) Crude Oil - any hydrocarbons, including distillates and condensates extracted from Natural Gas, which at Normal Atmospheric Pressure and Temperature, are in liquid state at the wellhead or oil/gas separator.

28) Subcontractor - Person who delivers goods, renders services for the Contractor pursuant to a contract concluded between the Person and the Contractor for certain Petroleum Operations (Joint Ventures included). Person carrying out certain Petroleum Operations for Subcontractor under another contract shall be also defined as Subcontractor.

29) Pipeline Infrastructure - a system of engineering facilities including Field Pipelines and Export Pipeline.

22) Родительская компания - юридическое лицо, которое владеет более чем 50 процентами или контрольным пакетом паёв, долей, акций Подрядчика, дающих ему право управления и контроля над Подрядчиком.

23) Родственная компания - юридическое лицо, осуществляющее контроль над Подрядчиком или контролирующееся этим Подрядчиком, либо контролирующееся другим юридическим лицом, одновременно осуществляющим контроль над Подрядчиком. Для целей настоящего понятия под контролем понимаются полномочия по определению стратегии юридического лица либо Подрядчика путём прямого или опосредованного права собственности на более чем 50 процентов паёв, долей, акций, дающих право управления и контроля.

24) Сервисные услуги - отдельные виды Нефтяных работ, осуществляемые в соответствии с Договором на Сервисные услуги с риском.

25) Совместная деятельность - деятельность, осуществляемая объединением Лиц без образования нового юридического лица, совместно участвующих в предоставлении технических, финансовых и иных ресурсов для реализации Договора, заключённого между Концерном и таким объединением Лиц.

26) Стороны договора - Концерн и Подрядчик, заключившие Договор.

27) Сырая нефть - любые углеводороды, включая извлекаемые из Природного газа дистилляты и конденсаты, находящиеся в жидком состоянии при Нормальных атмосферном давлении и температуре на устье скважины или в нефтегазовом сепараторе.

28) Субподрядчик - Лицо, осуществляющее поставку товаров, выполнение работ и оказание услуг Подрядчику, изложенных в договоре с

The Petroleum Law of Turkmenistan (20 November 2008)
Закон Туркменистана «Об углеводородных ресурсах» (20 ноября 2008 года)

Page | Страница 14 / 86

30) Petroleum - Crude Oil and Natural Gas as well as all components derived therefrom or produced therewith.

31) Export Pipeline - engineering facility including any surface, submarine and other plant and equipment used to transport Hydrocarbon Resources from Delivery Point to Export Point.

32) Export Point - a point (points) in the territory of Turkmenistan where, pursuant to the Contract, Petroleum entitlement shares of the Parties to Contract arrive to be exported.

Article 2. Law application

1. This Law governs relations, which arise in the course of conduct of the Petroleum Operations in the territory under the jurisdiction of Turkmenistan, including the Turkmen sector of the Caspian Sea and Internal Water Basins, issuance of Licenses, entering into and implementation of the Contracts for such Operations, and regulates (pertinent) functions and powers of governmental agencies as well as of the Persons carrying out Petroleum Operations.

2. Should the legislation of Turkmenistan

Подрядчиком по выполнению отдельных видов Нефтяных работ (в том числе и совместной деятельности) в рамках Договора такого Подрядчика. Лицо, выполняющее отдельные виды Нефтяных работ для Субподрядчика в рамках выполнения им другого договора, также определяется как Субподрядчик.

29) Трубопроводный транспорт - совокупность технических сооружений, включающих Промысловый трубопровод и Экспортный магистральный трубопровод.

30) Углеводородные ресурсы - Сырая нефть и Природный газ, а также все производные или добытые вместе с ними компоненты.

31) Экспортный магистральный трубопровод - техническое сооружение, включающее в себя наземные, подводные и иные объекты коммуникации и оборудования, используемые для транспортировки Углеводородных ресурсов от Пункта доставки до Экспортного пункта.

32) Экспортный пункт - пункт или пункты в пределах территории Туркменистана, куда в соответствии с Договором поступают предназначенные на экспорт доли Углеводородных ресурсов Сторон договора.

Статья 2. Сфера применения настоящего Закона

1. Настоящий Закон регулирует отношения, возникающие в процессе выполнения Нефтяных работ на территории, находящейся под юрисдикцией Туркменистана, в том числе в туркменском секторе Каспийского моря и во Внутренних водоёмах, порядок выдачи Лицензий, заключения и исполнения Договоров о проведении таких работ, регламентирует функции и полномочия государственных органов, а также Лиц, осуществляющих Нефтяные работы.

2. В случае если законодательством

The Petroleum Law of Turkmenistan (20 November 2008)
Закон Туркменистана «Об углеводородных ресурсах» (20 ноября 2008 года)

Page | Страница 15 / 86

contain rules conflicting with those contemplated herein, the provisions of this Law shall apply.

3. Should this Law fail to regulate any relations arising in the course of Petroleum Operations and meeting the specified in this article proviso 1, other laws and enactments of Turkmenistan shall regulate such relations.

4. Should an international treaty to which Turkmenistan is a signatory party set rules different from rules contemplated herein, then the rules of the international treaty shall apply.

Article 3. Applicable legislation

The legislation applicable under this Law shall be the prerogative of Turkmenistan legislation to regulate any Contract concluded in accordance with this Law.

Article 4. Rights to Petroleum

1. Turkmenistan shall be conferred with the exclusive property right to Petroleum in its natural condition in strata in Turkmenistan territory.

2. Competence for ownership, exploitation and management of Petroleum Resources is vested in the Cabinet of Ministers (the Government) of Turkmenistan.

3. Resource management and exploitation within the purview of this Law shall be carried out by the Concern.

Туркменистана установлены иные правила, чем те, которые предусмотрены настоящим Законом, применяются правила настоящего Закона.

3. В случае если настоящий Закон не регулирует те или иные отношения, возникающие в процессе выполнения Нефтяных работ, отвечающие признакам, указанным в части первой настоящей статьи, то такие отношения регулируются иными нормативными правовыми актами Туркменистана.

4. Если международным договором, участником которого является Туркменистан, установлены иные правила, чем те, которые содержатся в настоящем Законе, то применяются правила международного договора.

Статья 3. Применимое право

Применимым правом по настоящему Закону является исключительное право Туркменистана, в соответствии с которым регулируется и толкуется Договор, заключённый в соответствии с настоящим Законом.

Статья 4. Право собственности на Углеводородные ресурсы

1. Углеводородные ресурсы в их естественном состоянии в недрах территории Туркменистана являются исключительной собственностью Туркменистана.

2. Правомочиями по владению, пользованию и распоряжению Углеводородными ресурсами обладает Кабинет Министров (Правительство) Туркменистана.

3. Управление Углеводородными ресурсами и их использование в пределах полномочий, установленных настоящим Законом, осуществляет Концерн.

The Petroleum Law of Turkmenistan (20 November 2008)
Закон Туркменистана «Об углеводородных ресурсах» (20 ноября 2008 года)

Page | Страница 16 / 86

CHAPTER II - COMPETENCE OF THE CABINET OF MINISTERS (GOVERNMENT) OF TURKMENISTAN, CONCERN IN SPHERE OF MANAGEMENT AND USE OF HYDROCARBON RESOURCES

ГЛАВА II – КОМПЕТЕНЦИЯ КАБИНЕТА МИНИСТРОВ (ПРАВИТЕЛЬСТВА) ТУРКМЕНИСТАНА, КОНЦЕРНА В ОБЛАСТИ УПРАВЛЕНИЯ И ИСПОЛЬЗОВАНИЕ УГЛЕВОДОРОДНЫХ РЕСУРСОВ

CHAPTER II - COMPETENCE OF THE CABINET OF MINISTERS (THE GOVERNMENT) OF TURKMENISTAN, THE CONCERN IN THE SPHERE OF MANAGEMENT AND EXPLOITATION OF HYDROCARBON RESOURCES

ГЛАВА II - КОМПЕТЕНЦИЯ КАБИНЕТА МИНИСТРОВ (ПРАВИТЕЛЬСТВА) ТУРКМЕНИСТАНА, КОНЦЕРНА В ОБЛАСТИ УПРАВЛЕНИЯ И ИСПОЛЬЗОВАНИЯ УГЛЕВОДОРОДНЫХ РЕСУРСОВ

Article 5. Competence of the Cabinet of Ministers (the Government) of Turkmenistan

The Cabinet of Ministers (the Government) of Turkmenistan:

1) Defines the strategy for exploitation of Petroleum,

2) Sets priorities for Petroleum exploitation and the rules of resource conservations,

3) Imposes localized restrictions on Petroleum Operations to preserve holy sites, historical and cultural monuments and other places of great importance to uphold the traditional spiritual values and culture of the Turkmen nation,

4) Exercises other powers vested by laws of Turkmenistan and enactments of the President of Turkmenistan.

Статья 5. Компетенция Кабинета Министров (Правительства) Туркменистана

Кабинет Министров (Правительство) Туркменистана:

1) определяет стратегию использования Углеводородных ресурсов;

2) устанавливает порядок использования Углеводородных ресурсов, а также правила их охраны;

3) вводит ограничения на проведение Нефтяных работ на отдельных участках в целях сохранения святых мест, исторических и культурных памятников и других объектов, имеющих важное значение для сохранения и развития традиционной духовности и культуры туркменского народа;

4) осуществляет иные полномочия, предоставленные ему законами Туркменистана и актами Президента Туркменистана.

Article 6. Legal status principles for the Concern

The legal status of the Concern shall be determined by the applicable laws of Turkmenistan.

Статья 6. Основы правового статуса Концерна

Правовой статус Концерна определяется законодательством Туркменистана.

Article 7. Main functions and powers of

Статья 7. Основные функции и полномочия

The Petroleum Law of Turkmenistan (20 November 2008)
Закон Туркменистана «Об углеводородных ресурсах» (20 ноября 2008 года)

Page | Страница 17 / 86

CHAPTER II - COMPETENCE OF THE CABINET OF MINISTERS (GOVERNMENT) OF TURKMENISTAN, CONCERN IN SPHERE OF MANAGEMENT AND USE OF HYDROCARBON RESOURCES

the Concern

1. The State Concern for the Management and Use of Hydrocarbon Resources at the President of Turkmenistan performs the following functions:

1) Sets uniform rules for the development of Petroleum fields which shall comply with the standards of the international practice for the conduct of Petroleum Operations, and other regulations and procedures in respect of Petroleum Operations,

2) Prepares and holds tenders in compliance with the rules set by this Law and other laws and regulations of Turkmenistan; on the results of the tendering, carries out talks on Licensing and Contracting,

3) Carries out direct (nonexclusive) negotiations with a License/Contract applicant,

4) Issues the Licenses and provides for their registration,

5) Signs Contracts and provides for registration of those with the relevant bodies of state administration in accordance with the laws of Turkmenistan,

6) Executes control over the conduct of Petroleum Operations and their compliance with the laws of Turkmenistan as well as with the terms of the License and the Contract,

7) Monitors the Contractor's performance in respect of his environment protection obligations, health and safety of

ГЛАВА II – КОМПЕТЕНЦИЯ КАБИНЕТА МИНИСТРОВ (ПРАВИТЕЛЬСТВА) ТУРКМЕНИСТАНА, КОНЦЕРНА В ОБЛАСТИ УПРАВЛЕНИЯ И ИСПОЛЬЗОВАНИЕ УГЛЕВОДОРОДНЫХ РЕСУРСОВ

Концерна

1. Концерн в области управления и использования Углеводородных ресурсов осуществляет следующие основные функции:

1) устанавливает единые правила освоения месторождений Углеводородных ресурсов, соответствующие стандартам международной практики ведения Нефтяных работ, а также иные правила и процедуры при проведении Нефтяных работ;

2) ведёт работу по подготовке и проведению тендера, проводимого по правилам, устанавливаемым настоящим Законом и другими нормативными правовыми актами Туркменистана; ведёт переговоры по выдаче Лицензии по результатам проведённого тендера и по заключению Договора с претендентом;

3) ведёт прямые (неэксклюзивные) переговоры с претендентом на получение Лицензии и заключение Договора;

4) выдаёт Лицензии и осуществляет их регистрацию;

5) подписывает Договоры и обеспечивает их регистрацию в соответствующих органах государственного управления в соответствии с законодательством Туркменистана;

6) осуществляет контроль за проведением Нефтяных работ, соблюдением законодательства Туркменистана при их проведении, а также выполнением условий Лицензии и Договора;

7) осуществляет контроль за принятием

The Petroleum Law of Turkmenistan (20 November 2008)
Закон Туркменистана «Об углеводородных ресурсах» (20 ноября 2008 года)

Page | Страница 18 / 86

CHAPTER II - COMPETENCE OF THE CABINET OF MINISTERS (GOVERNMENT) OF TURKMENISTAN, CONCERN IN SPHERE OF MANAGEMENT AND USE OF HYDROCARBON RESOURCES

ГЛАВА II – КОМПЕТЕНЦИЯ КАБИНЕТА МИНИСТРОВ (ПРАВИТЕЛЬСТВА) ТУРКМЕНИСТАНА, КОНЦЕРНА В ОБЛАСТИ УПРАВЛЕНИЯ И ИСПОЛЬЗОВАНИЕ УГЛЕВОДОРОДНЫХ РЕСУРСОВ

communities, workplace health and safety in the course of Petroleum Operations,

8) Coordinates interactions between Contractors in the course of (their respective) Petroleum Operations,

9) Keeps statistical records on Petroleum,

10) Suspends, renews, extends and revokes Licenses pursuant to this Law,

11) Carries out negotiations and enters into agreements with relevant Persons of other states concerning the construction and operation of transportation facilities for the transportation of the produced Petroleum through their territory and also concerning the utilization of such transportation facilities, being available and used in these countries,

12) Acts as trustee, managing trust assets and financial resources domestically and internationally,

13) Determines the transfer and use procedures for the Concern's entitlement share of Petroleum under Contracts for Petroleum Operations,

14) Administers proceeds accruing to the Concern in accordance with Contracts for Petroleum Operations,

15) Manages, disposes of, administers etc. its own property (assets) in all forms domestically and internationally,

16) Carries out the monitoring and accounting of any property alienated and

---

Подрядчиком мер по охране окружающей среды, жизни и здоровья населения, обеспечению здоровых и безопасных условий труда в ходе проведения Нефтяных работ;

8) осуществляет координацию деятельности между Подрядчиками при проведении Нефтяных работ;

9) организует ведение статистической отчётности по Углеводородным ресурсам;

10) приостанавливает, возобновляет, продлевает и аннулирует действие Лицензии в соответствии с настоящим Законом;

11) ведёт переговоры и заключает соглашения с соответствующими Лицами других государств по вопросам строительства и эксплуатации трубопроводов и других транспортных сооружений для транспортировки добытых Углеводородных ресурсов по их территории, а также по вопросам использования подобных транспортных сооружений, имеющихся и используемых в этих странах;

12) осуществляет доверительное управление активами и финансовыми ресурсами на внутреннем и внешнем рынках;

13) определяет порядок получения и использования Углеводородных ресурсов, причитающихся Концерну в соответствии с Договором на проведение Нефтяных работ;

14) распоряжается поступившими в Концерн доходами, которые причитаются ему в соответствии с Договором на проведение Нефтяных работ;

15) осуществляет управление, владение,

The Petroleum Law of Turkmenistan (20 November 2008)
Закон Туркменистана «Об углеводородных ресурсах» (20 ноября 2008 года)

Page | Страница 19 / 86

CHAPTER II - COMPETENCE OF THE CABINET OF MINISTERS (GOVERNMENT) OF TURKMENISTAN, CONCERN IN SPHERE OF MANAGEMENT AND USE OF HYDROCARBON RESOURCES

ГЛАВА II – КОМПЕТЕНЦИЯ КАБИНЕТА МИНИСТРОВ (ПРАВИТЕЛЬСТВА) ТУРКМЕНИСТАНА, КОНЦЕРНА В ОБЛАСТИ УПРАВЛЕНИЯ И ИСПОЛЬЗОВАНИЕ УГЛЕВОДОРОДНЫХ РЕСУРСОВ

transferred to the Concern as may be the case under Article 54 paragraph 1 hereof,

17) Engages in legal proceedings to sue at law and defend suits locally in Kazyet (Court) and Arachy Kazyet (Arbitration Court) and internationally, at the court of arbitration, on any disputes which may arise in connection with Contract, and is liable for its obligations within the extent of its property,

18) Exercises other powers attributed to it by the laws of Turkmenistan and the acts of the President of Turkmenistan.

2. The Concern is entitled to require the Contractor to submit a bank guarantee or guarantee from his Parent Company.

3. In order to perform the imposed duties, the Concern shall have the right to:

1) Carry out inspections or testing of the equipment or appliance being used in the conduct of Petroleum Operations,

2) Extract samples of Petroleum or other substances from any area where Petroleum Operations are being conducted,

3) Carry out inspections of any technical, financial or other documents relating to the Petroleum Operations, make extracts from and make copies of such documents,

4) Execute Petroleum Operations and entrust its execution to the Contractor. All types of operations on storage, treatment, loading, transportation, metering, delivery and marketing (sale) of the share of oil of the

пользование и распоряжение своим имуществом (активами) в любых формах на внутреннем и внешнем рынках;

16) осуществляет учёт и контроль за использованием или отчуждением переходящего к Концерну имущества Подрядчика в случаях, установленных частью первой статьи 54 настоящего Закона;

17) выступает в казыете (суде), арачи казыете (арбитражном суде) и в международных суде и арбитраже в качестве истца или ответчика по спорам, вытекающим из Договора, и несёт обязательства принадлежащим ему имуществом;

18) осуществляет иные функции, предоставленные Концерну законами Туркменистана и актами Президента Туркменистана.

2. Концерн вправе требовать от Подрядчика предоставления банковской гарантии или гарантии его Родительской компании.

3. Концерн в целях реализации возложенных на него функций имеет право:

1) проводить проверку или испытание оборудования и приборов, используемых при проведении Нефтяных работ;

2) извлекать образцы Углеводородных ресурсов или других веществ с любой территории, на которой проводятся Нефтяные работы;

3) проводить проверку технических, финансовых и иных документов, имеющих отношение к Нефтяным работам, делать из них

The Petroleum Law of Turkmenistan (20 November 2008)
Закон Туркменистана «Об углеводородных ресурсах» (20 ноября 2008 года)

Page | Страница 20 / 86

State Concern, which are carried out by the State Concern or by the Contractor on instructions from the State Concern as well as other operations, including construction of infrastructure facilities or any other construction projects, buying and hiring of tangible and intangible assets pursuant to the Agreement or on instructions from the State Concern shall be considered as Petroleum Operations,

5) Recommend a person to take part at the Agreement as the Contractor,

6) Give directions and introduce restrictions on the activities of Contractor, related to securing safety and health protection of the Contractor's staff and of the general public,

7) Carry out any necessary technical, environmental and financial audits, analytical and other surveys, collect data on the issues of the Contractor's performance and compliance with the laws, other regulatory acts of Turkmenistan, its conformity to terms of the License and the Contract,

8) Carry out systematic control over the Contractor's and Operator's conformity to this Law, the License and the Contract,

9) Exercise any other rights accorded to the Concern by this Law and other legal acts and regulations of Turkmenistan.

4. Authorized officers of the Concern are entitled to enter unhampered any area, either within the Contract Area or otherwise, which is used in connection with Petroleum Operations.

выписки и снимать с них копии;

4) осуществлять Нефтяные работы или поручать их осуществление Подрядчику. Все виды деятельности по хранению, подготовке, погрузке, складированию, транспортировке, замерам, доставке и маркетингу (продаже) доли Углеводородных ресурсов Концерна, осуществляемые Концерном или по его поручению Подрядчиком, а также другие виды деятельности, в том числе осуществление строительства объектов инфраструктуры и иного строительства, приобретение и аренда материальных и нематериальных активов в соответствии с Договором или по поручению Концерна Подрядчиком, являются Нефтяными работами;

5) рекомендовать Лицо для участия в Договоре в качестве Подрядчика;

6) давать указания и вводить ограничения на деятельность Подрядчика, связанные с обеспечением охраны окружающей среды, безопасности и охраны здоровья персонала Подрядчика и населения;

7) проводить технические, экологические и финансовые аудиты, аналитические и иные исследования, а также осуществлять сбор информации по вопросам соблюдения Подрядчиком законов и других нормативных правовых актов Туркменистана, условий Лицензии и Договора;

8) осуществлять систематический контроль за соблюдением Подрядчиком и Оператором настоящего Закона, Лицензии и Договора;

9) использовать иные права, предоставленные Концерну в соответствии с настоящим Законом

The Petroleum Law of Turkmenistan (20 November 2008)
Закон Туркменистана «Об углеводородных ресурсах» (20 ноября 2008 года)

Page | Страница 21 / 86

5. The Concern, in discharge of the imposed functions and powers, is entitled to mobilize local and foreign experts.

6. The Concern, in discharge of the imposed functions, must comply with the provisions of this Law, other laws and regulations of Turkmenistan, as well as meet the commitments under the Contract.

и иными нормативными правовыми актами Туркменистана.

4. Уполномоченные должностные лица Концерна вправе беспрепятственно входить на любую, в том числе Договорную, территорию, в любое строение, транспортное средство, которые используются в связи с проведением Нефтяных работ.

5. Концерн при исполнении возложенных на него функций и полномочий имеет право привлекать местных и иностранных специалистов и экспертов.

6. Концерн при исполнении возложенных на него функции и полномочий обязано соблюдать положения настоящего Закона, иных нормативных правовых актов Туркменистана, а также обязательства, предусмотренные условиями Договора.

Article 8. Competence of the Concern (corporation)

Article 8 shall be deemed null and void in accordance with the Law of Turkmenistan No. 436-V dated 12.09.2016.

Статья 8. Компетенция Концерна (корпорации)

Статья 8 утратила силу Законом от 12.09.2016 г. № 436-V.

The Petroleum Law of Turkmenistan (20 November 2008)
Закон Туркменистана «Об углеводородных ресурсах» (20 ноября 2008 года)

Page | Страница 22 / 86

CHAPTER III - PETROLEUM OPERATIONS LICENSING

ГЛАВА III - ЛИЦЕНЗИРОВАНИЕ НЕФТЯНЫХ РАБОТ

Article 9. Types of Licenses

1. This Petroleum Law determines the following types of licenses to carry out Petroleum Operations:

1) Exploration License;
2) Production License;
3) Exploration and Production License.

2. No License is required for a Subcontractor contracted by a Contractor or other Subcontractor.

Article 10. Methods for granting Licenses

1. License may be granted either on a tendering basis, or in result of direct (nonexclusive) negotiations, which the Concern will carry out with the applicant.

2. The method for granting a License shall be determined by the Concern.

Article 11. Procedures and forms of tendering

1. As for the form of identifying the bidder to be invited, the tender may be:

1) open, when any interested person may be a bidder,
2) short listed, when the bidders have to receive special invitations from the Concern to take part in the tender.

2. The procedure to hold a tender round shall be determined by the Concern.

Статья 9. Виды Лицензий

1. Настоящим Законом для выполнения Нефтяных работ устанавливаются следующие виды Лицензий:

1) Лицензия на Разведку;
2) Лицензия на Добычу;
3) Лицензия на Разведку и Добычу.

2. Субподрядчику для исполнения отдельных видов Нефтяных работ по его договору с Подрядчиком или другим Субподрядчиком в рамках Договора получения каких-либо лицензий не требуется.

Статья 10. Методы предоставления Лицензий

1. Лицензия может предоставляться на основе тендера или прямых (неэксклюзивных) переговоров, проводимых Концерном с претендентом на получение Лицензии.

2. Выбор метода предоставления Лицензии определяется Концерном.

Статья 11. Формы и порядок проведения тендера

1. В зависимости от формы подбора участников тендер может быть:

1) открытым, где участниками выступают все заинтересованные Лица;
2) закрытым, где участниками выступают Лица, получившие от Концерна специальное приглашение для участия в тендере.

2. Порядок проведения тендера определяется Концерном.

The Petroleum Law of Turkmenistan (20 November 2008)
Закон Туркменистана «Об углеводородных ресурсах» (20 ноября 2008 года)

Page | Страница 23 / 86

Article 12. Applications for License

1. The application for License shall be submitted by the applicant prior to the start of direct (nonexclusive) talks, the Concern, based on the application submitted, makes its decision whether to enter into negotiation phase with the applicant or not.

If tendering is initiated, the application shall be submitted in accordance with the tendering procedure.

2. Application for the grant of an Exploration License shall contain:

1) Name of the applicant, its address, nationality (for Legal Persons) and citizenship (for physical persons),

2) Details of applicant's Parent Companies, owners, directors and authorized representatives (for a legal person) which are to represent the Applicant during the tendering process or the direct (nonexclusive) negotiations as well as during the granting of the License and the signing of the Contract,

3) Data on applicant's technical, managerial, organizational and financial capabilities,

4) Information on previous activities of the applicant, including a list of the states where he has conducted Petroleum Operations during the last five years, and also a balance sheet for the said period,

5) Numbers of the Blocks applied for by an applicant,

6) Sources of financing of Petroleum Operations,

7) The time period the Exploration License is applied for,

Статья 12. Заявка на получение Лицензии

1. Заявка на получение Лицензии предоставляется претендентом до начала прямых (неэксклюзивных) переговоров, на основе её Концерном принимается решение о целесообразности проведения таких переговоров.

В случае проведения тендера заявка на предоставление Лицензии подаётся в соответствии с порядком проведения тендера.

2. Заявка на получение Лицензии на Разведку должна содержать:

1) наименование (имя) претендента, его адрес, указание на принадлежность к государству (для юридических лиц), сведения о гражданстве (для физических лиц);

2) данные о Родительских компаниях, собственниках (владельцах) претендента и его руководителях (для юридического лица), а также о правомочных представителях претендента, которые будут представлять его при проведении тендера или прямых (неэксклюзивных) переговоров и при получении Лицензии и подписании Договора;

3) данные о технических, управленческих, организационных и финансовых возможностях претендента;

4) информацию о предыдущей деятельности претендента, включая список государств, в которых им проводились Нефтяные работы в течение последних пяти лет, а также финансовые отчёты за указанный период;

5) номера Блоков, на которые подаётся заявка;

6) источники финансирования Нефтяных работ;

7) период времени, на который подаётся заявка

The Petroleum Law of Turkmenistan (20 November 2008)
Закон Туркменистана «Об углеводородных ресурсах» (20 ноября 2008 года)

Page | Страница 24 / 86

8) Applicant's proposal in respect of the conduct of Petroleum Operations, including minimal commitments specifying the scope of work and cost estimates,

9) Initial feasibility report for the project, including geological and economical models, as well as other required information,

10) Applicant's commitments in respect of environment protection, including reclamation and restoration of the Contract Area,

11) Assumption of the applicant with respect to the share of the State Concern at the Agreement or a person recommended by the State Concern as the Contractor during exploration operations. The extent of the share shall be determined at the Agreement.

3. An application for a Production License shall contain:

1) Data on the results of the Exploration Operations,

2) Official notification of Commercial Discovery including relevant data and conclusions (in respect of the holder of Exploration License, who is an applicant for Production License),

3) Detailed plan for the development of the Commercial Discovery, specifying geological resources, proven and recoverable Petroleum reserves,

4) Expected commencement date for the development of the Commercial Discovery and the expected date for the start-up of the production of Petroleum,

5) Estimated profile of production and

для проведения работ по Разведке;

8) предложения претендента относительно проведения Нефтяных работ, включая минимальные обязательства с указанием объёмов работ и затрат на их осуществление;

9) предварительное технико-экономическое обоснование проекта, включающее в себя геологическую и экономическую модели, а также другую необходимую информацию;

10) обязательства претендента в отношении охраны окружающей среды, включая рекультивацию и восстановление Договорной территории;

11) предложение претендента относительно доли участия в Договоре Концерна либо рекомендованного Концерном Лица в качестве Подрядчика в период Разведки. Размер доли участия определяется в Договоре.

3. Заявка на получение Лицензии на Добычу должна содержать:

1) информацию о геологоразведочных работах;

2) официальное извещение об открытии Месторождения промышленного значения, включая соответствующие данные и заключения (в отношении обладателя Лицензии на Разведку, претендующего на получение Лицензии на Добычу);

3) подробный план освоения Месторождения промышленного значения с указанием геологических ресурсов, доказанных и извлекаемых запасов Углеводородных ресурсов;

4) ожидаемый срок начала реализации плана освоения Месторождения промышленного значения и ожидаемую дату начала Добычи Углеводородных ресурсов;

The Petroleum Law of Turkmenistan (20 November 2008)
Закон Туркменистана «Об углеводородных ресурсах» (20 ноября 2008 года)

Page | Страница 25 / 86

expected date for attaining its peak production;,

6) Forecast estimate of capital and other expenditure in connection with the development and Petroleum production and on the revenues on Petroleum sales,

7) Analysis of the economic viability of the Commercial Discovery, based on geological, technical and economic models,

8) Applicant's commitments in respect of environmental protection, including the reclamation and restoration of the Contract Area,

9) Proposals on the financing of educational and social programs within the project,

10) Assumption of the applicant with respect to the share of the State Concern at the Agreement or a person recommended by the State Concern as the Contractor during exploration operations. The extent of the share shall be determined at the Agreement.

4. An application for an Exploration and Production License shall contain all items, required to receive both an Exploration License and a Production License.

Article 13. Terms and procedures for the issuance of Licenses

1. A License shall be issued to a Person to which the right to conduct Petroleum Operations shall be granted as the result from a tender or direct (nonexclusive) negotiations.

2. The License issuance procedure shall be

5) прогнозируемый профиль (кривую) Добычи и ожидаемый срок достижения ее максимального уровня;

6) прогнозный расчёт по капитальным и иным расходам, связанным с освоением, Добычей, и по доходам от реализации Углеводородных ресурсов;

7) анализ технико-экономической эффективности Месторождения промышленного значения на основе геологической, технической и экономической моделей;

8) обязательства претендента в отношении охраны окружающей среды, включая рекультивацию и восстановление Договорной территории;

9) предложения по финансированию образовательных и социальных программ в рамках проекта;

10) предложение претендента относительно доли участия в Договоре Концерна либо рекомендованного Концерном Лица в качестве Подрядчика в период Добычи. Размер доли участия определяется в Договоре.

4. Заявка на получение Лицензии на Разведку и Добычу должна содержать условия, необходимые для заявки на получение Лицензии на Разведку и заявки на получение Лицензии на Добычу.

Статья 13. Условия и порядок выдачи Лицензии

1. Лицу, в отношении которого по итогам тендера или прямых (неэксклюзивных) переговоров Концерном принято решение о целесообразности привлечения его к Нефтяным работам, выдаётся Лицензия.

2. Порядок выдачи Лицензии определяется по

The Petroleum Law of Turkmenistan (20 November 2008)
Закон Туркменистана «Об углеводородных ресурсах» (20 ноября 2008 года)

Page | Страница 26 / 86

determined in compliance with the rules set forth by this Law and other regulatory legal acts of Turkmenistan.

3. A License shall be issued to a foreign physical person who is registered in Turkmenistan as an individual entrepreneur or to a foreign legal person who has opened a branch in Turkmenistan.

4. The License shall be registered by the Concern.

Article 14. Purpose of the License

1. No person is entitled to conduct Petroleum Operations without a relevant License. A License Holder is entitled to conduct only those kinds of Petroleum Operations, which are specified in the License.

2. The terms of the Contract shall comply with the terms of the License.

Article 15. License Content

1. An Exploration License should contain:

1) Data on the License grantee,

2) Type of Petroleum Operations the License is issued for,

3) Delimitation of the Contract Area as per the geographical coordinates specified in the Contract,

4) License validity period and continuation clause,

5) Type of the Contract entered into between the Contracting Parties,

6) Commitments of the Contractor to comply with the requirements for the

правилам настоящего Закона и принятыми в соответствии с ним иными нормативными правовыми актами Туркменистана.

3. Иностранному физическому лицу Лицензия выдаётся при условии его регистрации в Туркменистане в качестве индивидуального предпринимателя, а иностранному юридическому лицу - при условии открытия им филиала в Туркменистане.

4. Лицензия регистрируется Концерном.

Статья 14. Назначение Лицензии

1. Никто не вправе осуществлять Нефтяные работы без соответствующей Лицензии. Обладатель лицензии имеет право проводить только те виды Нефтяных работ, которые указаны в Лицензии.

2. Условия Договора должны соответствовать условиям Лицензии.

Статья 15. Содержание Лицензии

1. В содержании Лицензии на Разведку указываются:

1) сведения о получателе Лицензии;

2) вид Нефтяных работ, на проведение которых выдаётся Лицензия;

3) границы Договорной территории согласно географическим координатам, указанным в Договоре;

4) сроки действия Лицензии и условия их продления;

5) вид Договора, заключаемого между Сторонами договора;

6) обязательства Обладателя лицензии по соблюдению требований об охране

The Petroleum Law of Turkmenistan (20 November 2008)
Закон Туркменистана «Об углеводородных ресурсах» (20 ноября 2008 года)

Page | Страница 27 / 86

protection of the natural environment and other commitments,

7) Other data as may be determined by the Concern.

2. A Production License should contain:

1) Data on the License grantee,

2) Type of Petroleum Operations the License is issued for,

3) Delimitation of the part of the Contract Area which encompasses the Commercial Discovery as per the geographical coordinates specified in the Contract,

4) License validity period and continuation clause,

5) Commitments of the License Holder to comply with the requirements of natural environment protection; and other commitments,

6) Other data as may be determined by the Concern.

3. A combined Exploration and Production License should contain all the conditions contained in an Exploration and a Production Licenses.

Article 16. License validity periods

1. An Exploration License shall be granted for the period of up to 6 years.

2. The validity period of an Exploration License may be extended twice with duration of each extension period of up to 2 years on the terms and conditions of the Contract.

3. If a Discovery has announced by the

окружающей среды и другие обязательства;

7) иные сведения, определяемые Концерном.

2. В содержании Лицензии на Добычу указываются:

1) сведения о получателе Лицензии;

2) вид Нефтяных работ, на проведение которых выдаётся Лицензия;

3) границы участка Договорной территории, на которой находится Месторождение промышленного значения, согласно географическим координатам, указанным в Договоре;

4) сроки действия Лицензии и условия их продления;

5) обязательства Обладателя лицензии по соблюдению требований об охране окружающей среды и другие обязательства;

6) иные сведения, определяемые Концерном.

3. В содержании Лицензии на Разведку и Добычу указываются все условия, содержащиеся в Лицензии на Разведку и Лицензии на Добычу.

Статья 16. Сроки действия Лицензий

1. Лицензия на Разведку выдаётся на срок до 6 лет.

2. Срок действия Лицензии на Разведку может быть продлён дважды с продолжительностью каждого периода до двух лет в соответствии с условиями Лицензии и Договора.

3. Если Подрядчик осуществит обнаружение на Договорной территории, однако, Подрядчик не

The Petroleum Law of Turkmenistan (20 November 2008)
Закон Туркменистана «Об углеводородных ресурсах» (20 ноября 2008 года)

Page | Страница 28 / 86

Contractor, however the Contractor is unable, for justifiable reasons, to complete its appraisal within the validity period of the Exploration License, even taking in consideration the extension the License continuation clause may provide for, the Contractor will be entitled to carry out negotiations with the Concern with a view to being granted a new Exploration License in respect of that Contract Area for a period justifiably required to have the discovered deposit appraisal completed.

4. A Production License shall be granted for the period of 20 years. The validity period of a Production License may be extended for the period of 5 years in accordance with e terms and conditions of the License and the Contract.

5. An application for the extension of the License validity periods shall be examined not later than in three months from the date of their receipt by the Concern.

6. A combined Exploration and Production License shall be granted for a period, which includes the Exploration License validity period and the Production License validity period, with the said Licenses possible extensions included.

7. The License validity period is counted from the effective date of the Contract.

Article 17. Rights of a License Holder

1. An Exploration License Holder shall have an exclusive right to carry out an Exploration of Petroleum and required kinds of Petroleum Operations connected to the Exploration pursuant to this Law and the terms of a License and provided for in the Contract.

2. An Exploration License Holder in case of

сможет его оценить по обоснованной причине до конца срока действия Лицензии на Разведку с учётом его продления, то Подрядчик имеет право провести переговоры с Концерном на предмет получения новой Лицензии на Разведку в отношении данной Договорной территории на срок, обоснованно необходимый для завершения такой оценки обнаружения.

4. Лицензия на Добычу выдаётся сроком на 20 лет. Срок действия Лицензии на Добычу может быть продлён на 5 лет в соответствии с условиями Лицензии и Договора.

5. Заявка о продлении срока действия Лицензии рассматривается не позднее трёх месяцев со дня её поступления в Концерн.

6. Лицензия на Разведку и Добычу выдаётся на срок, который охватывает сроки действия Лицензии на Разведку и Лицензии на Добычу, включая возможные периоды их продления.

7. Срок действия Лицензии исчисляется со дня вступления Договора в силу.

Статья 17. Права Обладателя лицензии

1. Обладатель лицензии на Разведку имеет исключительное право в соответствии с настоящим Законом и условиями Лицензии проводить Разведку Углеводородных ресурсов и выполнять связанные с Разведкой необходимые виды Нефтяных работ, предусмотренные Договором.

2. Обладатель лицензии на Разведку в случае

The Petroleum Law of Turkmenistan (20 November 2008)
Закон Туркменистана «Об углеводородных ресурсах» (20 ноября 2008 года)

Page | Страница 29 / 86

a Commercial Discovery shall have an exclusive right to be granted a Production License provided he has applied for the License in accordance with the terms and conditions if the Contract.

3. A Production License Holder shall pursuant to this Law and the terms of the License, have the exclusive rights:

1) To carry out Production Operations within the Contract Area in accordance with the License and the Contract,
2) To dispose of its share of Petroleum in accordance with the Contract,
3) To carry out Petroleum Operations inside and outside the Contract Area as provided by the terms of the Contract.

Article 18. Termination of the License

1. A License shall terminate:

1) Upon expiration of the License validity periods and extensions thereof,
2) If it is revoked in accordance with this Law,
3) In the event of the termination of the Contract pursuant to the provisions provided therein.

2. In exceptional circumstances, when any further development of the Contract Area is deemed commercially viable by the Contracting Parties and justified by a project feasibility study, the validity period for a Production License may be extended by the Concern for another ten years.

Unless the Concern decides otherwise, no failure to fulfill development programs and plans before the Production License expiration date shall not be deemed a reason to extend such License pursuant to this

открытия Месторождения промышленного значения имеет исключительное право на получение Лицензии на Добычу при условии подачи заявки в соответствии с условиями Договора.

3. Обладатель Лицензии на Добычу в соответствии с настоящим Законом и условиями Лицензии имеет исключительное право:

1) проводить работы по Добыче на Договорной территории в соответствии с условиями Лицензии и Договора;
2) распоряжаться своей долей Углеводородных ресурсов в соответствии с условиями Договора;
3) осуществлять на Договорной территории и за её пределами Нефтяные работы в соответствии с условиями Лицензии и Договора.

Статья 18. Прекращение действия Лицензии

1. Действие Лицензии прекращается:

1) по истечении срока действия Лицензии или сроков продления действия Лицензии;
2) при аннулировании Лицензии в соответствии с настоящим Законом;
3) в случае расторжения Договора по основаниям, предусмотренным Договором.

2. В исключительных случаях, когда разработка Договорной территории сверх предусмотренного срока Лицензий на Добычу целесообразна в коммерческих интересах Сторон договора и обоснована коммерческим проектом, то на основании решения Концерна срок действия Лицензии на Добычу может быть увеличен с учётом его продления ещё до десяти лет.

При этом невыполнение программы и плана разработки в связи с истечением срока действия Лицензии на Добычу не является основанием для продления срока такой

The Petroleum Law of Turkmenistan (20 November 2008)
Закон Туркменистана «Об углеводородных ресурсах» (20 ноября 2008 года)

Page | Страница 30 / 86

Article.

Article 19. Revocation and renewal of a License

1. The Concern shall revoke the issued License in the following cases:

1) The Contractor carries out any Petroleum Operations which are not specified in the License,

2) The Contractor operates within the License, yet no in accordance with the Petroleum Operations plans and programs agreed with the Concern while implementing the Contract,

3) The Contractor in the course of its activities systematically and (or) significantly acts in noncompliance with the legislation of Turkmenistan on resource conservation requirements, environment protection and safe methods of work,

4) In other cases provided for in this Law.

2. In case the License is suspended, the Concern will notify the Contractor in writing about the reasons for such suspension and determined a reasonable period of time to rectify. Suspension of the License does not imply that License Holder shall suspend all operations on eliminating the shortcomings.

3. When the rectification has been done on whatever caused the License suspension, the License will be resumed and the License Holder accordingly notified in writing.

4. Holding a License in abeyance will entail any Petroleum Operations under the Contract. The Contract resumes in effect as soon as the License resumes in effect.

Лицензии в соответствии с настоящей статьей, если Концерн не примет иное решение.

Статья 19. Приостановление и возобновление действия Лицензии

1. Действие Лицензии приостанавливается Концерном в случаях, когда Обладатель лицензии:

1) проводит Нефтяные работы, не предусмотренные Лицензией;

2) осуществляет деятельность в рамках Лицензии, но не по плану и программе проведения Нефтяных работ, согласованных с Концерном при выполнении Договора;

3) в процессе своей деятельности систематически и (или) существенно нарушает законодательство Туркменистана в части охраны недр, окружающей среды и безопасного ведения работ;

4) в иных случаях, предусмотренных настоящим Законом.

2. В случае приостановления действия Лицензии Концерн письменно уведомляет Обладателя лицензии о причинах такого приостановления и устанавливает разумный срок для их устранения. Приостановление действия Лицензии не означает приостановления действий Обладателя лицензии по устранению недостатков.

3. При устранении причин, вызвавших приостановление действия Лицензии, её действие возобновляется, о чем письменно уведомляется Обладатель лицензии.

4. Приостановление действия Лицензии влечёт приостановление ведения Нефтяных работ по Договору. Действие Договора возобновляется одновременно с возобновлением действия Лицензии.

The Petroleum Law of Turkmenistan (20 November 2008)
Закон Туркменистана «Об углеводородных ресурсах» (20 ноября 2008 года)

Page | Страница 31 / 86

5. No License suspension shall be deemed a reason to extend the validity periods neither of the Contract or the License.

Article 20. Revocation of a License

1. The Concern shall have the right to revoke the issued License in the following cases:

1) When the License Holder refuses to eliminate the causes that have resulted in taking the decision to suspend the License or if he fails to eliminate such causes within fixed deadlines,

2) Upon discovery of the fact of a deliberate submission to the Concern of false information which has materially affected the latter' s decision to issue a License,

3) In the event of delays with the Petroleum Operations commencement as provided by the Contract,

4) In other cases as may be contemplated by this Law.

2. Revocation of the License shall immediately entail the cancellation of the Contract.

5. Приостановление действия Лицензии не является основанием для продления срока действия Лицензии и Договора.

Статья 20. Аннулирование Лицензии

1. Концерн вправе аннулировать выданную Лицензию в следующих случаях:

1) при отказе Обладателя лицензии устранить причины, вызвавшие принятие решения о приостановлении действия Лицензии либо при неустранении этих причин в установленный срок;

2) при установлении факта предоставления Обладателем лицензии Концерну ложной информации, оказавшей существенное влияние на его решение о выдаче Лицензии;

3) при нарушении сроков начала проведения Нефтяных работ, предусмотренных Договором;

4) в иных случаях, предусмотренных настоящим Законом.

2. Аннулирование Лицензии влечёт одновременное прекращение действия Договора.

The Petroleum Law of Turkmenistan (20 November 2008)
Закон Туркменистана «Об углеводородных ресурсах» (20 ноября 2008 года)

Page | Страница 32 / 86

| CHAPTER IV – CONTRACTS | ГЛАВА IV – ДОГОВОРЫ |

CHAPTER IV - CONTRACTS

Article 21. Types of Contracts

1. For carrying out Petroleum Operations pursuant to this Law the following types of Contracts shall be adopted:

1) Production sharing contract,
2) Concession contract based on royalty and taxes,
3) Joint Venture Contract,
4) Service contract with risk.

2. Production sharing agreement, concession contract based on royalty and taxes as well as service contract with risk shall be entered into between the Concern and the Contractor. In this regard, a corporate entity/company properly affiliated with the Concern as well as any other national Turkmen company may also act as Contractor.

3. A corporate entity/company duly affiliated with the Concern as well as any other national Turkmen company may become Contractor party to Joint Venture Contract.

4. Depending on the nature of specific Petroleum Operations and other factors, combination types of contracts also may be countenanced.

Article 22. Validity periods and terms of a Contract

The validity period and terms of a Contract shall be defined by the agreement between the Parties in conformity with this Law and the License.

Article 23. Signing of Contracts and registration procedure

ГЛАВА IV – ДОГОВОРЫ

Статья 21. Виды Договоров

1. В соответствии с настоящим Законом для выполнения Нефтяных работ применяются следующие виды Договоров:

1) Договор о разделе продукции;
2) Договор о концессии на условиях роялти и налога;
3) Договор о Совместной деятельности;
4) Договор на Сервисные услуги с риском.

2. Договор о разделе продукции, Договор о концессии на условиях роялти и налога и Договор на Сервисные услуги с риском заключаются между Концерном и Подрядчиком. При этом в качестве Подрядчика может выступать также предприятие, являющееся юридическим лицом Концерна, или другая национальная компания.

3. Предприятие, являющееся юридическим лицом Концерна, или другая национальная компания может участвовать в Договоре о Совместной деятельности в качестве Подрядчика.

4. В зависимости от характера конкретных Нефтяных работ и других обстоятельств допускаются сочетание указанных видов Договоров и иные виды Договоров.

Статья 22. Срок, действия и условия Договора

Срок действия и условия Договора определяются соглашением Сторон договора в соответствии с настоящим Законом и Лицензией.

Статья 23. Порядок заключения и регистрации Договора

The Petroleum Law of Turkmenistan (20 November 2008)
Закон Туркменистана «Об углеводородных ресурсах» (20 ноября 2008 года)

Page | Страница 33 / 86

1. The Contract provisions related to environment protection, conservation of in-situ resources, community safety and health in the context of Petroleum Operations shall be agreed upon by the Concern with the relevant competent bodies. The procedure and time for such agreement shall be determined by the Concern.

Unavailable approval of the said government bodies within the time limits determined by the Concern shall not constitute grounds for the government body to withhold the registration of the Contract.

2. A Contract shall enter into force from the date of its registration in the competent government bodies.

Article 24. Amendment to and terminations of a Contract

1. A contract may be amended only if a written agreement has been made available between the Contracting Parties, except as otherwise provided by this Law.

2. A Contractor and the Concern may terminate the Contract on the grounds and in accordance with the procedure provided for in the Contract.

3. Any revocation of the License in accordance with this Law shall entail termination of the Contract.

4. The parties shall not be released from the discharge of current obligations, which remain outstanding at the time of termination of the Contract.

5. In the event of premature termination of the Contract the Contractor shall, unless otherwise provided for in the Contract, have the right to dispose freely the assets owned by him. In this case, the Concern shall have the priority right to an acquisition of such

1. Положения Договора, относящиеся к охране окружающей среды, охране недр, обеспечению безопасности и здоровья населения при проведении Нефтяных работ согласовываются Концерном с соответствующими компетентными государственными органами. Порядок и сроки такого согласования определяются Концерном.

Отсутствие согласования Договора со стороны указанных органов в установленный Концерном срок не является основанием для отказа уполномоченных органов в регистрации Договора.

2. Договор вступает в силу со дня его регистрации в соответствующих органах государственного управления.

Статья 24. Изменение условий Договора и прекращение его действия

1. Условия Договора могут изменяться только при наличии письменного согласия Сторон договора, если иное не предусмотрено настоящим Законом.

2. Концерн и Подрядчик могут прекратить действие Договора по основаниям и в порядке, предусмотренным Договором.

3. Действие Договора прекращается в случае, если в соответствии с настоящим Законом Лицензия аннулируется.

4. Стороны договора не освобождаются от выполнения текущих обязательств, которые остались невыполненными к моменту прекращения действия Договора.

5. В случае досрочного прекращения действия Договора Подрядчик вправе самостоятельно распорядиться имуществом, находящимся в его собственности, если иное не предусмотрено Договором. При этом Концерн имеет приоритетное право на приобретение такого имущества.

The Petroleum Law of Turkmenistan (20 November 2008)
Закон Туркменистана «Об углеводородных ресурсах» (20 ноября 2008 года)

Page | Страница 34 / 86

assets.

6. The issues concerning the transfer of ownership of such assets belonging to the Contractor, during the Contract validity as well as upon its expiration, are stipulated in the Contract.

7. In case of contract termination, the Contractor must take on his own account any required measures to recover the Contract Area affected by the Petroleum Operations to the condition which meets to the requirements of Turkmenistan regulations in respect of subterranean resources, natural environment and community health as well as the principles of Good Oilfield Practice recognized worldwide.

6. Вопросы перехода права собственности на имущество, принадлежащее Подрядчику, в период действия Договора, а также по истечении срока его действия, оговариваются в Договоре.

7. В случае прекращения действия Договора Подрядчик за счёт собственных средств обязан привести территорию проведения Нефтяных работ в состояние, соответствующее требованиям законодательства Туркменистана по охране окружающей среды, недр, безопасности и здоровья населения и правилам международной практики ведения Нефтяных работ.

The Petroleum Law of Turkmenistan (20 November 2008)
Закон Туркменистана «Об углеводородных ресурсах» (20 ноября 2008 года)

Page | Страница 35 / 86

CHAPTER V - CONDUCT OF THE PETROLEUM OPERATIONS

ГЛАВА V - ПРОВЕДЕНИЕ НЕФТЯНЫХ РАБОТ

Article 25. Conditions for the conduct of Petroleum Operations

Статья 25. Условия проведения Нефтяных работ

1. Conditions for the conduct of Petroleum Operations shall be specified in the Contract.

1. Условия проведения Нефтяных работ определяются в Договоре.

2. If the Exploration results in a Commercial Discovery of Petroleum, the Contractor shall be obliged to notify the Competent Body of such discovery, to carry out an appraisal of the field including an appraisal of its reserves and prepare a report on whether the latter constitutes a Commercial Discovery. The time limits for the notification of the discovery, the results of the field appraisal and the preparation of the report on whether the field constitutes a Commercial Discovery shall be defined in the Contract.

2. Если в результате Разведки открыто месторождение Углеводородных ресурсов, Подрядчик обязан уведомить Концерн об этом открытии, сделать оценку месторождения, в том числе его запасов, и подготовить заключение о том, имеет ли оно промышленное значение. Сроки уведомления об открытии, результатах оценки месторождения, в том числе его запасов, и подготовки заключения по вопросу промышленного значения открытого месторождения определяются в Договоре.

3. If a Commercial Discovery takes place under a Production Sharing Contract, the Contractor shall have the right to recovery of its expenses related to the conduct of Petroleum Operations, the quarterly amount of which shall not exceed an amount of proceeds for its Petroleum entitlement share.

3. При обнаружении Месторождения промышленного значения в условиях Договора о разделе продукции Подрядчику предоставляется право на возмещение затрат по проведению Нефтяных работ, ежеквартальный размер которого не может превышать размер выручки за причитающуюся ему долю Углеводородных ресурсов.

If a Commercial Discovery takes place under a Contract different from a Production Sharing Contract, the Contractor will be entitled to have the costs recovered on Petroleum Operations with the quarterly rate to be determined as per the Contract.

При обнаружении Месторождения промышленного значения в условиях иных Договоров, чем Договор о разделе продукции, Подрядчику предоставляется право на возмещение затрат по проведению Нефтяных работ, ежеквартальный размер которого определяется в соответствии с условиями Договора.

4. If by the expiry date of the Exploration License or the end of its extended period no Commercial Discovery takes place, the Contractor shall not have any right to have the costs recovered. In this regard, both the License and the Contract shall terminate.

4. Если по истечении срока действия Лицензии на Разведку либо срока продления её действия Месторождение промышленного значения не открыто, Подрядчик не имеет права на возмещение затрат. При этом действие Лицензии на Разведку и Договора прекращаются.

The Petroleum Law of Turkmenistan (20 November 2008)
Закон Туркменистана «Об углеводородных ресурсах» (20 ноября 2008 года)

Page | Страница 36 / 86

5. If the Contractor considers that the (discovered) deposit is not commercially viable or refuses to develop a Commercial Discovery, he shall leave the area of the deposit while doing so in compliance with Article 24 paragraph seven hereof.

Article 26. Joint development of a field

1. Joint development of a field means coordinated efforts of two or more Contractors developing the same cross-boundary field, which extends across the boundary between Contract Areas.

Such Contractors shall enter into written agreements between themselves on joint development of the field and such field shall be developed according to the joint development plan of the Contractors. Such agreement and the joint development plan being subject to approval by the Concern.

2. Should a Contractor fail to conclude an agreement for joint field development with another Contractor, the Concern is entitled to bind him over concluding it.

If one of the Contractors refuses to work out a joint field development plan, the Concern shall have the right to commission such plan preparation to an independent expert on the Contractors' account. Implementation of the plan shall be mandatory for the Contractors. Should one of the Contractors refuse to comply with such obligations, he then shall return the relevant area of such field.

5. В случаях если Подрядчик считает, что месторождение не имеет промышленного значения или отказывается от освоения Месторождения промышленного значения, он обязан покинуть участок Договорной территории, на котором расположено данное месторождение, с соблюдением условий части седьмой статьи 24 настоящего Закона.

Статья 26. Совместное освоение месторождения

1. Совместное освоение месторождения означает координацию работ между двумя или более Подрядчиками, осуществляющими свою деятельность по разработке одного и того же месторождения, расположенного на прилегающих друг к другу Договорных территориях.

Такие Подрядчики обязаны заключить между собой договор по совместному освоению такого месторождения как единого объекта, и такое месторождение должно осваиваться по разработанному Подрядчиками единому плану. Договор и единый план совместного освоения подлежат утверждению Концерном.

2. Если какой-либо из Подрядчиков отказывается заключить договор по совместному освоению месторождения с другим Подрядчиком, то Концерн вправе обязать его заключить такой договор.

Если какой-либо из Подрядчиков отказывается разработать единый план совместного освоения месторождения, то Концерн вправе поручить подготовку такого плана независимому эксперту за счёт Подрядчиков. Исполнение такого плана обязательно для Подрядчиков. В случае отказа от исполнения таких обязательств каким-либо Подрядчиком он обязан возвратить соответствующую территорию такого месторождения.

The Petroleum Law of Turkmenistan (20 November 2008)
Закон Туркменистана «Об углеводородных ресурсах» (20 ноября 2008 года)

Page | Страница 37 / 86

Article 27. Artificial islands, dams and structures

1. The construction, operation and use of artificial islands, dams and other structures installed for the purpose of conduct of Petroleum Operations within Turkmenistan domains, including the Turkmen sector of the Caspian Sea and internal water basins, shall be carried out on the basis of the particular permission issued to the Contractor by the Concern, subject to the protection by the Contractor of natural environment and bio-resources.

A safety zone shall be established around such artificial islands, dams and other structures, which shall extend to a distance of 500 meters from each point of their external boundaries.

2. Location of the artificial islands, dams and other structures shall not constitute an impediment to the customary sea routes of significance for navigation and fishing activities.

3. Contractors or subcontractors in charge of the construction, maintenance and operation of artificial islands, dams and other structures shall ensure their safeguard and constant availability of warning facilities, signaling their location.

4. Abandoned or unused artificial islands, dams and other structures shall, if they cannot be used for other purposes, be dismantled in such a manner, that they do not constitute a hazard for human safety and an impediment to the navigation and fishing activities.

Статья 27. Искусственные острова, дамбы и другие сооружения

1. Строительство, эксплуатация и использование искусственных островов, дамб и других сооружений, возводимых в целях проведения Нефтяных работ на территории Туркменистана, включая туркменский сектор Каспийского моря и Внутренние водоёмы, осуществляются на основании отдельного разрешения, выдаваемого Концерном Подрядчику, при условии защиты и охраны Подрядчиком окружающей среды и биоресурсов.

Вокруг таких искусственных островов, дамб и других сооружений устанавливаются зоны безопасности, которые простираются на расстояние 500 метров от каждой точки их внешних границ.

2. Расположение искусственных островов, дамб и других сооружений не должно создавать препятствий налаженным морским путям, имеющим важное значение для судоходства и рыболовства.

3. Подрядчик или Субподрядчик, ответственные за строительство, содержание и эксплуатацию искусственных островов, дамб и других сооружений, обязаны обеспечивать их охрану и постоянное наличие предупредительных знаков, указывающих на их расположение.

4. Покинутые или неиспользуемые искусственные острова, дамбы и другие сооружения, если они не могут быть использованы для других целей, демонтируются таким образом, чтобы не создавать угрозу безопасности людям, природным ресурсам, помех судоходству или рыболовству.

The Petroleum Law of Turkmenistan (20 November 2008)
Закон Туркменистана «Об углеводородных ресурсах» (20 ноября 2008 года)

Page | Страница 38 / 86

CHAPTER V – CONDUCT OF THE PETROLEUM OPERATIONS

ГЛАВА V – ПРОВЕДЕНИЕ НЕФТЯНЫХ РАБОТ

Article 28. The Concern's right to purchase Petroleum

1. The Concern shall have the priority right to purchase Petroleum from the entitlement share of Contractors at any times on a competitive market (price) basis.

2. The Concern shall also have the priority right to purchase Petroleum from the entitlement share of Contractors, in order to satisfy the internal market requirements, and on the condition that such requirements were not satisfied by full utilization of produced Petroleum. In this regard, the maximum amounts of the Petroleum purchased, pricing procedure, form of the payment and the payment currency shall be specified in the Contract.

Article 29. Requisition of Petroleum (compulsory acquisition for use in time of emergency) and its compensation

1. In the event of war, natural hazard or other circumstances, specified by the legislation on times of emergency and eventualities of emergency nature, the Cabinet of Ministers (the Government) of Turkmenistan shall have the right to requisition (compulsory taking over, not gratuitous) Petroleum belonging to the Contractor. The requisition will be carried out to such an extent as is necessary to meet the needs of Turkmenistan during the period when an emergency situation remain, which are to be determined by the Cabinet of Ministers (the Government) of Turkmenistan.

2. The Government of Turkmenistan shall guarantee the compensation of the requisitioned Petroleum either in kind or by payment of its value in freely convertible

Статья 28. Право Концерна на приобретение Углеводородных ресурсов

1. Концерн имеет приоритетное право на коммерческое приобретение доли Углеводородных ресурсов Подрядчика в любое время на конкурентной рыночной основе.

2. Концерн также имеет приоритетное право на приобретение доли Углеводородных ресурсов Подрядчика в целях удовлетворения потребностей внутреннего рынка и при условии, что такие потребности не были удовлетворены за счёт полного использования добытых Углеводородных ресурсов. При этом предельные объёмы приобретаемых Углеводородных ресурсов, порядок ценообразования, форма оплаты и валюта, в которой производится платёж, определяются Договором.

Статья 29. Принудительное возмездное отчуждение (реквизиция) Углеводородных ресурсов и их компенсация

1. В случае войны, угрозы войны, стихийного бедствия или при иных обстоятельствах, установленных законодательством Туркменистана о чрезвычайных ситуациях и ситуациях, носящих чрезвычайный характер, Кабинет Министров (Правительство) Туркменистана имеет право принудительного возмездного отчуждения (реквизиции) части или всей доли Углеводородных ресурсов, принадлежащих Подрядчику. Принудительное возмездное отчуждение (реквизиция) осуществляется в размерах, необходимых для обеспечения нужд Туркменистана в течение всего периода чрезвычайных ситуаций, определяемых Кабинетом Министров (Правительством) Туркменистана.

2. Кабинет Министров (Правительство) Туркменистана гарантирует компенсацию за реквизированные Углеводородные ресурсы

The Petroleum Law of Turkmenistan (20 November 2008)
Закон Туркменистана «Об углеводородных ресурсах» (20 ноября 2008 года)

Page | Страница 39 / 86

currency at fair prices.

Подрядчика в натуральном выражении или путём выплаты их стоимости в свободно конвертируемой валюте по справедливым ценам.

Article 30. State control over the conduct of Petroleum Operations

Статья 30. Государственный контроль за проведением Нефтяных работ

1. According to this Law, appropriate state control and supervision of the conduct of Petroleum Operations shall be maintained by the Concern.

Ministries and other government authorities shall imply state control and supervision over the conduct of Petroleum Operations within their competence as defined by the legislation of Turkmenistan.

The ministries and other government authorities shall be obliged to secure the confidentiality of any information received in connection with their control and supervision functions.

2. The ministries and other government authorities, prior to any audits and inspections within their legal competence to carry out state control and supervision in accordance with the legislation of Turkmenistan, shall consult with the Concern regarding such proposed audits or inspections.

3. While carrying out audits and inspections as specified in Provision 2 of this Article, the ministries or other government authorities shall have no right to take intrusive actions to affect the relations or interpose between the Contracting Parties.

4. The ministries and other government authorities shall send to the Concern their opinions, references, reports and other statements prepared in the course of audits and inspections for the Concern to review

1. В соответствии с настоящим Законом государственный контроль за проведением Нефтяных работ осуществляет Концерн.

Министерства и другие органы государственного управления осуществляют соответствующий государственный контроль и надзор в пределах их компетенции, установленной законодательством Туркменистана.

Министерства и другие органы государственного управления обязаны обеспечивать конфиденциальность любой информации, полученной ими при осуществлении такого контроля и надзора.

2. Министерства и другие органы государственного управления до проведения соответствующих проверок и инспекций в пределах их компетенции по осуществлению государственного контроля и надзора в соответствии с законодательством Туркменистана предварительно в письменном виде согласовывают проведение таких проверок и инспекций с Концерном.

3. Министерства и другие органы государственного управления в ходе осуществления проверок и инспекций, указанных в части второй настоящей статьи, не вправе вмешиваться в отношения Сторон договора.

4. Министерства и другие органы государственного управления направляют свои заключения, справки, отчёты и иные акты, подготовленные по результатам проверок и

The Petroleum Law of Turkmenistan (20 November 2008)
Закон Туркменистана «Об углеводородных ресурсах» (20 ноября 2008 года)

Page | Страница 40 / 86

and take appropriate actions in accordance with this Law, Licenses and Contracts.

5. The law-enforcement authorities, within their competence as defined by the laws of Turkmenistan, will carry out control over and supervision of the performance of Petroleum Operations in compliance with Turkmenistan legislation.

The law-enforcement authorities shall inform the Concern about any scheduled audits. All references, opinions, protocols and any other statements of such audits shall be sent to the Concern.

6. The Concern, having considered the submitted reports, shall advise accordingly those ministries, other government authorities and law-enforcement authorities that have sent their opinions, references or other statements.

Article 30[1]. Interaction between the State Concern and authorities of the State administration on execution of Petroleum Operations

1. In compliance with the existing Law and the Rules on reservoir development, the State Concern is entitled to entrust respective government organizations or authorities to execute evaluation of the program and the schedule of Petroleum Operations without compensation and with a view to determine its efficiency and compliance with the Turkmenistan legislation.

2. Coordination procedure of the State Concern with the agencies of the State administration on execution of Petroleum Operations are determined by the Statute of the President of Turkmenistan.

инспекций, в Концерн для их рассмотрения и принятия мер в соответствии с настоящим Законом, Лицензией и Договором.

5. Правоохранительные органы осуществляют контроль и надзор за соблюдением законодательства Туркменистана при проведении Нефтяных работ в пределах их компетенции, предусмотренной законодательством Туркменистана.

Правоохранительные органы информируют Концерн о предстоящих проверках. Справки, заключения, протоколы и иные акты таких проверок направляются Концерну.

6. Концерн сообщает министерствам, другим органам государственного управления и правоохранительным органам, направившим свои заключения, справки, отчёты и иные акты, о результатах их рассмотрения.

Статья 30[1]. Взаимодействие Концерна с органами государственного управления по осуществлению Нефтяных работ

1. Концерн в соответствии с настоящим Законом и Правилами разработки имеет право поручать соответствующим государственным органам (организациям) осуществлять безвозмездно экспертизу программы и плана Нефтяных работ Подрядчика в целях определения их эффективности и соответствия законодательству Туркменистана.

2. Порядок взаимодействия Концерна с органами государственного управления по осуществлению Нефтяных работ определяется актом Президента Туркменистана.

The Petroleum Law of Turkmenistan (20 November 2008)
Закон Туркменистана «Об углеводородных ресурсах» (20 ноября 2008 года)

Page | Страница 41 / 86

CHAPTER V – CONDUCT OF THE PETROLEUM OPERATIONS

Article 31. Measurement and weighting of Petroleum produced

1. The Contractor shall carry out measuring and weighing of Petroleum, produced and (or) saved inside as well as outside the Contract Area, at regular time intervals, specified in the Contract, with the application of methods adopted in the international practice for conduct of Petroleum Operations.

Application of other methods for measurement or weighing of Petroleum as well as appliances and equipment used for such purposes by the Contractor shall be done only upon the permission of the Concern.

2. The Concern shall have the right, systematically and at specified time intervals, to demand Contractor to calibrate the equipment or appliances used for weighing and measurement of Petroleum, and to submit results of calibration tests to the Concern.

3. If any Petroleum weighing or measuring equipment or appliance, upon its test or examination, found to be false or unjust, such equipment or appliance shall, if it is impossible to determine the time at which such equipment or appliance became false or unjust, be deemed to have been false or unjust during a period which is represented by half of the period from the last date upon which the equipment and appliances were tested and found to be in good order to the date upon which such equipment and appliance were found to be false or unjust. Adjustment to all relevant terms under a contract shall be then effected.

ГЛАВА V – ПРОВЕДЕНИЕ НЕФТЯНЫХ РАБОТ

Статья 31. Измерение и взвешивание добытых Углеводородных ресурсов

1. Измерение и взвешивание Углеводородных ресурсов, добытых на Договорной территории и (или) хранимых как на Договорной территории, так и за её пределами, производятся Подрядчиком регулярно в периоды, определяемые Договором, с применением методов, используемых в международной практике ведения Нефтяных работ.

Применение других методов измерения и взвешивания Углеводородных ресурсов, а также используемых при этом приборов и оборудования, производится Подрядчиком только при наличии разрешения Концерна.

2. Концерн вправе систематически, через определённый период времени требовать от Подрядчика проведения испытания оборудования и приборов, используемых для взвешивания и измерения Углеводородных ресурсов, и предоставления результатов испытаний Концерну.

3. Если при испытании или проверке оборудования или приборов, используемых для взвешивания и измерения Углеводородных ресурсов, обнаруживаются дефекты или неточности, и при невозможности определения срока их наступления считается, что данное оборудование или прибор является неисправным или неточным с середины периода, исчисляемого с даты их последнего испытания, результаты которого были положительными, до момента обнаружения дефекта или неточности. В последующем производится уточнение всех соответствующих условий Договора, содержащихся в нём расчётов и показателей.

The Petroleum Law of Turkmenistan (20 November 2008)
Закон Туркменистана «Об углеводородных ресурсах» (20 ноября 2008 года)

Page | Страница 42 / 86

CHAPTER VI – RIGHTS, OBLIGATIONS AND LIABILITIES OF THE CONTRACTOR AND OPERATOR

ГЛАВА VI - ПРАВА, ОБЯЗАННОСТИ И ОТВЕТСТВЕННОСТЬ ПОДРЯДЧИКА И ОПЕРАТОРА

Article 32. Rights of a Contractor

In the course of the conduct of Petroleum Operations, a Contractor shall have the right:

1) to use the Contract Area to carry out the activities specified in the License and the Contract;

2) to construct inside and outside the Contract Area facilities of operative, logistic and social infrastructures required for the conduct of Exploration and Production Operations, and also to use, upon agreement with the owners, facilities and utilities inside as well as outside the Contract Area;

3) to avail itself of the services of subcontractors in performing certain types of Petroleum Operations;

4) to freely dispose of its Petroleum entitlement share in Turkmenistan as well as outside Turkmenistan;

5) to carry out negotiations regarding a new Exploration License as per Article 16 provision 3 hereof;

6) to surrender all or part of its rights and to terminate its activities in the Contract Area in accordance with terms specified in the Contract;

7) exercise other rights accorded by this Law.

Статья 32. Права Подрядчика

В процессе осуществления Нефтяных работ Подрядчик имеет право:

1) использовать Договорную территорию для осуществления деятельности, указанной в Лицензии и Договоре;

2) сооружать на Договорной территории и за её пределами объекты производственной, административно-хозяйственной и социальной сферы, необходимые для проведения Нефтяных работ, а также пользоваться ими по договорённости с владельцами объектов и коммуникаций общего пользования как на Договорной территории, так и за её пределами;

3) пользоваться услугами Субподрядчиков при выполнении отдельных видов Нефтяных работ;

4) свободно распоряжаться принадлежащей ему долей Углеводородных ресурсов как в Туркменистане, так и за его пределами;

5) проводить переговоры с Концерном на получение новой Лицензии на Разведку в соответствии с частью третьей статьи 16 настоящего Закона;

6) отказываться от всех или части своих прав и прекращать свою деятельность на Договорной территории на условиях, определённых Договором;

7) осуществлять иные права, предоставленные настоящим Законом.

The Petroleum Law of Turkmenistan (20 November 2008)
Закон Туркменистана «Об углеводородных ресурсах» (20 ноября 2008 года)

Page | Страница 43 / 86

CHAPTER VI – RIGHTS, OBLIGATIONS AND LIABILITIES OF THE CONTRACTORS AND OPERATORS

Article 33. Obligations of a Contractor

In the course of implementation of Petroleum Operations the Contractor shall be obliged:

1) to adopt the most efficient methods and technologies for the conduct of Petroleum Operations, based on standards of the international practice for the conduct of Petroleum Operations;

2) to conduct Petroleum Operations in strict conformity to this Law, The Rules and Regulations for the Development of Hydrocarbon Fields of Turkmenistan, the terms of the Contract and the License;

3) to comply with the requirements pertaining to the protection of natural environment and subterranean resources; community safety and health requirement as provided by the legislations of Turkmenistan, including:

a) strict control of the flow to prevent the waste or escape of Petroleum inside or outside the Contract Area;

b) prevention of reservoir damage, caused by depletion, water or other matter entering into Petroleum reservoirs;

c) taking measures to prevent pollution of any water spring, river, canal, irrigation system, lake, sea by the escape of Petroleum, salt water, drilling mud, chemical additives or any other waste product or effluent. In case pollution occurs, treat or disperse it in an ecologically acceptable manner;

4) to ensure that Petroleum Operations are performed in a reasonable cost effective way

ГЛАВА VI – ПРАВА, ОБЯЗАННОСТИ И ОТВЕТСТВЕННОСТЬ ПОДРЯДЧИКА И ОПЕРАТОРА

Статья 33. Обязанности Подрядчика

В процессе осуществления Нефтяных работ Подрядчик обязан:

1) применять наиболее эффективные методы и технологии проведения Нефтяных работ, основанные на стандартах, принятых в международной практике проведения Нефтяных работ;

2) проводить Нефтяные работы в строгом соответствии с настоящим Законом, Правилами разработки, условиями Лицензии и Договора;

3) соблюдать требования по охране окружающей среды и недр, по обеспечению безопасности и охраны здоровья населения в соответствии с законодательством Туркменистана, в том числе:

а) строго контролировать Добычу и не допускать сброс или утечку Углеводородных ресурсов на Договорной территории и за ее пределами;

б) предупреждать и предотвращать повреждение продуктивных пластов, в том числе вызванное падением пластового давления, проникновением воды, других веществ в залежи Углеводородных ресурсов;

в) принимать меры к недопущению загрязнения любых источников воды, рек, каналов, ирригационных систем, озёр, моря, вызываемого утечкой Углеводородных ресурсов, соляного раствора, буровой жидкости, химических добавок или любых других отработанных продуктов и вод. В случае загрязнения производить очистку или рассеивание экологически приемлемыми методами;

4) обеспечивать проведение Нефтяных работ с

The Petroleum Law of Turkmenistan (20 November 2008)
Закон Туркменистана «Об углеводородных ресурсах» (20 ноября 2008 года)

with a view to the best economic effect;

5) to give preference to the equipment, materials and finished products produced in Turkmenistan, if they are competitive in terms of quality, price, operating parameters and delivery conditions;

6) to give preference to Turkmenistan citizens in hiring personnel for the conduct of Petroleum Operations and to provide for training programs of such personnel in accordance with the terms of the Contract;

7) to provide free access to any required documents, information and sites of operations to the authorized representatives and officers of the Concern;

8) to make payment of taxes and other mandatory payments as per this Law in due time;

9) to participate in the development of social infrastructure in accordance with the Contract;

10) to restore, at its own expense, parts of land and other natural cites which have been damaged in connection with the conduct of Petroleum Operations to the condition acceptable for their further use;

11) to notify the Concern about any disputes with third parties, which may affect the implementation of the Contract;

12) to exercise other duties which may ensue from this Law.

Article 34. Liability of a Contractor

наименьшими обоснованными затратами с целью достижения наилучшего экономического результата;

5) отдавать предпочтение оборудованию, материалам и готовой продукции, произведённым в Туркменистане, если они являются конкурентоспособными по своему качеству, ценам, рабочим параметрам и условиям поставки;

6) отдавать предпочтение гражданам Туркменистана при наборе персонала для проведения Нефтяных работ, обеспечивать осуществление программ обучения такого персонала в соответствии с условиями Договора;

7) обеспечивать уполномоченным представителям и сотрудникам Концерна доступ к необходимым документам, информации и объектам проведения работ;

8) своевременно уплачивать налоги и иные обязательные платежи в соответствии с настоящим Законом;

9) участвовать в развитии социальной инфраструктуры в соответствии с Договором;

10) восстанавливать за свой счёт участки земли и другие природные объекты, которым был нанесён ущерб в связи с проведением Нефтяных работ, до состояния, пригодного для их дальнейшего использования;

11) уведомлять Концерн о всех спорах с третьими Лицами, которые могут влиять на исполнение Договора;

12) осуществлять иные обязанности, вытекающие из настоящего Закона.

Статья 34. Ответственность Подрядчика

The Petroleum Law of Turkmenistan (20 November 2008)
Закон Туркменистана «Об углеводородных ресурсах» (20 ноября 2008 года)

Page | Страница 45 / 86

Contractor shall be liable for the conduct of Petroleum Operations in accordance with this Law and other laws and regulations of Turkmenistan, the License and the Contract.

Contractor shall be also liable for the compliance with the standards of good oilfield practice.

Article 35. Rights and obligations of an Operator

The rights obligations of a Contractor, as specified in Articles 32 and 33 of this Law shall also apply to an Operator.

If one of the Contractors is Operator, he as such is accorded with the same rights and obligations in the sphere of currency, taxes and customs regulation, as a Contractor is under this Law. If the Operator is a third party, including the Contractor's Parent Company, then the third party Operator shall have Subcontractor's rights and obligations in the sphere of currency, taxes and customs regulation, as provided by this Law and other laws and regulations of Turkmenistan.

Article 36. Liability of an Operator

The liability of an Operator for the conduct of Petroleum Operations shall be defined by this Law and other laws and regulations of Turkmenistan, the License and the Contract.

The Contractor shall be immediately liable, against his property and otherwise, for the conduct of Petroleum Operations by the Operator as for the Contractor's own actions,

Подрядчик несёт ответственность за проведение Нефтяных работ в соответствии с настоящим Законом, иными нормативными правовыми актами Туркменистана, Лицензией и Договором.

Подрядчик также несёт ответственность за соблюдение стандартов международной практики ведения Нефтяных работ.

Статья 35. Права и обязанности Оператора

Предусмотренные статьями 32 и 33 настоящего Закона права и обязанности Подрядчика относятся также и к Оператору.

При условии, если один из Подрядчиков является Оператором, то в качестве такового он обладает теми же правами и обязанностями в области валютного, налогового и таможенного регулирования, которыми обладает Подрядчик в соответствии с настоящим Законом. Если Оператором является третье Лицо, в том числе Родственная компания Подрядчика, то на него распространяются права и обязанности Субподрядчика в области валютного, налогового и таможенного регулирования, предусмотренные настоящим Законом и другими нормативными правовыми актами Туркменистана.

Статья 36. Ответственность Оператора

Ответственность Оператора за проведение Нефтяных работ определяется настоящим Законом и иными нормативными правовыми актами Туркменистана, Лицензией и Договором.

Подрядчик несёт непосредственную имущественную и иную ответственность в соответствии с настоящим Законом, иными

The Petroleum Law of Turkmenistan (20 November 2008)
Закон Туркменистана «Об углеводородных ресурсах» (20 ноября 2008 года)

Page | Страница 46 / 86

under this Law and other laws and regulation of Turkmenistan, the License and the Contract.

нормативными правовыми актами Туркменистана, Лицензией и Договором за проведение Нефтяных работ Оператором, как за свои собственные действия.

The Petroleum Law of Turkmenistan (20 November 2008)
Закон Туркменистана «Об углеводородных ресурсах» (20 ноября 2008 года)

Page | Страница 47 / 86

CHAPTER VII - PIPELINE INFRASTRUCTURE

ГЛАВА VII - Трубопроводный транспорт

Article 37. Ownership of the Pipeline Infrastructure

Статья 37. Право собственности на Трубопроводный транспорт

1. The Contractor, within the conduct of Petroleum Operations under the Contract, shall be entitled to build a Field Pipeline and be the owner in accordance with terms of the Contract.

1. Подрядчик в рамках выполнения Нефтяных работ по Договору имеет право на строительство Промыслового трубопровода и являться его собственником в соответствии с условиями Договора.

2. The ownership right to Export Pipeline is vested in Turkmenistan, unless the Cabinet of Ministers (Government) decides otherwise.

2. Право собственности на Экспортный магистральный трубопровод принадлежит Туркменистану, если Кабинетом Министров (Правительством) Туркменистана не принято иное решение.

3. Construction, financing, operation and maintenance of the Export Pipeline may be carried out by:

3. Строительство, финансирование, эксплуатация и обслуживание Экспортного магистрального трубопровода могут осуществляться:

1) a specially established company, which may be jointly owned by the Concern, the Contractor, independent enterprises (companies) or specified Persons;

1) специально создаваемой компанией, совместными собственниками (владельцами) которой могут являться Концерн, Подрядчик, независимые предприятия (компании) или указанные Лица совместно;

2) Contractors on the basis of a several contract entered into with the Concern acting as the customer and project owner.

2) Подрядчиками на основании отдельного договора с Концерном, выступающим заказчиком строительства.

Article 38. Use of Export Pipeline

Статья 38. Использование Экспортного магистрального трубопровода

If the owner of the Export Pipeline serves a notice in writing about additional capacity available or not being used of the Export Pipeline, the Contractor shall have, based on a tender or negotiations held by the owner, the right to use such additional or idle capacity to transport the petroleum produced by him.

В случае письменного подтверждения собственником (владельцем) Экспортного магистрального трубопровода о наличии дополнительной или свободной пропускной мощности Экспортного магистрального трубопровода на основании тендера или переговоров, проводимых собственником (владельцем), Подрядчик может

The Petroleum Law of Turkmenistan (20 November 2008)
Закон Туркменистана «Об углеводородных ресурсах» (20 ноября 2008 года)

Page | Страница 48 / 86

CHAPTER VII - PIPELINE INFRASTRUCTURE

ГЛАВА VII – ТРУБОПРОВОДНЫЙ ТРАНСПОРТ

использовать дополнительные или свободные мощности для транспортировки добытых им Углеводородных ресурсов.

Article 39. Transportation tariff

Transportation tariff for transportation of Petroleum via Export Pipeline shall be set and charged by its owner once agreed with the Concern.

Статья 39. Транспортный тариф

Транспортный тариф за транспортировку Углеводородных ресурсов по Экспортному магистральному трубопроводу устанавливается и взимается его собственником (владельцем) по согласованию с Концерном.

Article 40. Construction and operation of Pipeline Infrastructure

1. Construction and operation of Pipeline Infrastructure shall be carried out in conformity with the norms for maintenance, safety and security of service applied in the international practice for conduct of Petroleum Operations and with the legislation of Turkmenistan. A control over the application of such norms, including provision for safety, community health and environment protection, shall be executed by the Concern and other government authorities of Turkmenistan.

2. The owner of the Pipeline Infrastructure, along with the government authorities, which execute control over the safety, protection of community health and environment, shall work out a plan for their joint control over the safe operation of the Pipeline Infrastructure, prevention of eventual accidents and emergencies.

3. A conduct of any operations or actions within the security zone of the Pipeline Infrastructure shall be prohibited.

4. Construction of any objects and facilities, which are not related to the pipeline and its purpose, shall be prohibited within the minimum distance from the Pipeline

Статья 40. Строительство и использование Трубопроводного транспорта

1. Строительство и использование Трубопроводного транспорта осуществляются в соответствии с нормами технического обслуживания, техники безопасности и надёжности, применяемыми в международной практике ведения Нефтяных работ, и законодательством Туркменистана. контроль за соблюдением и правильным применением таких норм, включая обеспечение техники безопасности, здоровья населения и охраны окружающей среды, осуществляют Концерн и иные уполномоченные государственные органы Туркменистана.

2. Собственник (владелец) Трубопроводного транспорта совместно с государственными органами, осуществляющими контроль за техникой безопасности, сохранением здоровья населения и охраной окружающей среды, разрабатывает план совместного контроля за безопасностью эксплуатации Трубопроводного транспорта, предотвращением возможных поломок и аварий.

3. Проведение каких-либо работ или других действий в зоне безопасности Трубопроводного транспорта запрещается.

The Petroleum Law of Turkmenistan (20 November 2008)
Закон Туркменистана «Об углеводородных ресурсах» (20 ноября 2008 года)

Page | Страница 49 / 86

Infrastructure, set in conformity to the construction standards and safety norms applicable in Turkmenistan.

4. В пределах минимального расстояния от Трубопроводного транспорта, устанавливаемого в соответствии со стандартами строительства и нормами безопасности, применяемыми в Туркменистане, запрещается строительство любых объектов и сооружений, не связанных с Трубопроводным транспортом и его целевым назначением.

Article 41. Construction, laying and operation of submarine Pipeline Infrastructure

Статья 41. Строительство, прокладка и эксплуатация подводного Трубопроводного транспорта

Construction, laying and operation of submarine Pipeline Infrastructure shall be carried out in strict compliance with the safety and natural environment protection rules applied in the international practice for conduct of Petroleum Operations in respect of such types of activities.

Строительство, прокладка и эксплуатация подводного Трубопроводного транспорта осуществляются в строгом соответствии с правилами техники безопасности и охраны окружающей среды, применяемыми в международной практике проведения Нефтяных работ для подобных видов деятельности.

The Petroleum Law of Turkmenistan (20 November 2008)
Закон Туркменистана «Об углеводородных ресурсах» (20 ноября 2008 года)

Page | Страница 50 / 86

CHAPTER VIII - PROTECTION OF ENVIRONMENT, COMMUNITY SAFETY AND HEALTH

CHAPTER VIII - PROTECTION OF ENVIRONMENT, COMMUNITY SAFETY AND HEALTH

Article 42. The prerequisite of safety, environment and health

The natural environment and health protection measures for the population, in accordance with this Law, the legislation of Turkmenistan on environment, safety and health of the population, as well as with the License and the Contract, are the obligatory condition for carrying out any Petroleum Operations by the Contractors.

Article 43. Ecological grounds for conduct of Petroleum Operations

1. Prior to the commencement of Petroleum Operations and, if required, during the operations, any Contractor shall submit to the Concern a plan for the environment protection, public safety and health measures that he intends to adopt in the implementation of his work program, for the Concern to agree the plan with the competent bodies specialized in environment related regulations and other government authorities.

2. Expert opinions of the competent bodies specialized in environment protection regulation and other government authorities shall be served to the Concern in writing within 30 calendar days of the date of submission of the said plan. In case of absence within the fixed deadline of such expert opinions the Contractor shall have the right to start implementation of the aforesaid plan.

ГЛАВА VIII – ОХРАНА ОКРУЖАЮЩЕЙ СРЕДЫ, ОБЕСПЕЧЕНИЕ БЕЗОПАСНОСТИ И ЗДОРОВЬЯ НАСЕЛЕНИЯ

ГЛАВА VIII - ОХРАНА ОКРУЖАЮЩЕЙ СРЕДЫ, ОБЕСПЕЧЕНИЕ БЕЗОПАСНОСТИ И ЗДОРОВЬЯ НАСЕЛЕНИЯ

Статья 42. Обязательность мер по охране окружающей среды, безопасности и здоровья населения

Обеспечение мер по охране окружающей среды, безопасности и здоровья населения при проведении Нефтяных работ Подрядчиком является обязательными в соответствии с положениями настоящего Закона, законодательством Туркменистана по охране окружающей среды, безопасности и здоровья населения, а также Лицензией и Договором.

Статья 43. Экологическое основание для проведения Нефтяных работ

1. До начала проведения Нефтяных работ и, в случае необходимости, в период их проведения, Подрядчик представляет Концерну для согласования со специально уполномоченными органами в области охраны окружающей среды и иными государственными органами план мероприятий по охране окружающей среды, безопасности и здоровья населения, который Подрядчик намеревается применять при выполнении своей программы работ.

2. Заключения специально уполномоченных органов в области охраны окружающей среды и иных государственных органов представляются в письменном виде Концерну в течение 30 календарных дней со дня представления указанного плана. При отсутствии в установленный срок таких заключений Подрядчик может с письменного разрешения Концерна

The Petroleum Law of Turkmenistan (20 November 2008)
Закон Туркменистана «Об углеводородных ресурсах» (20 ноября 2008 года)

Page | Страница 51 / 86

CHAPTER VIII - PROTECTION OF ENVIRONMENT, COMMUNITY SAFETY AND HEALTH

Article 44. Ecological requirements for the conduct of Petroleum Operations

1. In the conduct of Petroleum Operations it shall be prohibited:

1) to emit, discharge or dump any pollutions without their prior treatment to reduce the to the threshold limit values set by the antipollution legislation acts of Turkmenistan;

2) to carry out discharge, or land burial, or dumping offshore or in land waters any kinds of waste without a prior permission from special governmental authority;

3) to employ any test equipment or methods, reliability of which has not been attested by the relevant governmental authorities;

4) to execute explosive works on land, in a water body or at the seabed along with import, purchase and use of explosive materials and materials for execution of the said works without a permit from special governmental authority.

2. To conduct Petroleum Operations in natural domains of preferential protection shall be prohibited.

3. Excavations and soil moving in the sea and Internal Water Basins shall be allowed with a special permits from the relevant government authority.

4. Construction, installation and further decommissioning of facilities shall not be carried out unless appropriate technologies are employed to ensure gathering of all pollutions.

5. The Contractor must take all measures

ГЛАВА VIII – ОХРАНА ОКРУЖАЮЩЕЙ СРЕДЫ, ОБЕСПЕЧЕНИЕ БЕЗОПАСНОСТИ И ЗДОРОВЬЯ НАСЕЛЕНИЯ

приступить к реализации указанного плана.

Статья 44. Экологические требования при проведении Нефтяных работ

1. При проведении Нефтяных работ запрещается:

1) осуществлять выбросы и сбросы загрязняющих веществ без их предварительной очистки до установленных предельно допустимых уровней загрязнения в соответствии с нормативными правовыми актами Туркменистана;

2) сброс и захоронение на суше, в море и поверхностных водах всех видов отходов без предварительного разрешения специально уполномоченных государственных органов;

3) применение аппаратуры и методов, безопасность которых не подтверждена соответствующими уполномоченными государственными органами;

4) проведение взрывных работ на суше, в толще воды и на морском дне без разрешения соответствующих уполномоченных государственных органов.

2. Проведение Нефтяных работ на государственных особо охраняемых природных территориях запрещается.

3. Работы, связанные с выемкой и перемещением грунта на море и во Внутренних водоёмах, допускаются при наличии специального разрешения, выдаваемого уполномоченным государственным органом.

4. Строительство, монтаж и демонтаж сооружений могут осуществляться только

The Petroleum Law of Turkmenistan (20 November 2008)
Закон Туркменистана «Об углеводородных ресурсах» (20 ноября 2008 года)

Page | Страница 52 / 86

required to prevent natural gas flaring or emission, including state-of-the-art technologies to prevent natural gas flaring or emission. In exceptional circumstances in order to prevent potential damage to the environment and human health and life and in other cases stipulated by the legislation of Turkmenistan, the Contractor may temporally flare (vent) the associated gas on the condition that it will be properly treated prior to such flaring or venting.

6. Pumping of any drilling waste into strata shall be prohibited, unless measures are taken for its proper neutralization, and shall be allowed only in exceptional circumstances as agreed with the specialized government authorities.

7. The drilling rig (barge rig) and support vessels shall be equipped with waste water treatment plant and (or) the tanks for gathering, storage and further transfer of waste water to specialized vessels and (or) onshore reception facilities. Appropriate facilities shall be provided for gathering and handling any solid waste.

8. Locations for offshore rigs within the Contract Areas should be chosen with provision for maximum possible conservation of water areas with high potentials for fishery, valuable fish species reproduction and other considerations of sea resource conservation.

9. In the course of Petroleum Operations the Contractor shall have to ensure measures to prevent oil spills and be prepared to contain and clean a spill.

10. During construction of oil and gas pipelines in Turkmenistan, including offshore and Internal Water Basins, the employed equipment and facilities shall render minimum damage to the lands and sea bed, and the selected

при использовании технологий, обеспечивающих сбор всех видов загрязняющих веществ.

5. Подрядчик обязан предпринимать все необходимые меры, в том числе использовать современную технику и технологии, для предотвращения сжигания или выброса Природного газа в атмосферу. В исключительных случаях в целях предотвращения опасности, создавшейся для окружающей среды, здоровья и жизни людей, и в других случаях, предусмотренных законодательством Туркменистана, Подрядчик может временно сжигать (выбрасывать) попутный газ в атмосферу с условием его надлежащей предварительной очистки.

6. Закачка отходов бурения в недра запрещается без предварительных операций по их обезвреживанию и допускается в исключительных случаях по согласованию со специально уполномоченными государственными органами.

7. Буровая платформа (баржа) и обслуживающие её суда должны быть оборудованы установкой для очистки и обеззараживания сточных вод и (или) ёмкостями для сбора, хранения и последующей передачи сточных вод на специализированные суда и (или) береговые приёмные устройства. Для сбора или обработки мусора должны быть предусмотрены соответствующие устройства.

8. Места для размещения морских буровых платформ в пределах Договорной территории должны выбираться с учётом максимально возможного сохранения морских районов, имеющих перспективное значение для рыболовного промысла,

The Petroleum Law of Turkmenistan (20 November 2008)
Закон Туркменистана «Об углеводородных ресурсах» (20 ноября 2008 года)

Page | Страница 53 / 86

technologies and techniques should confine further propagation of suspended solids in the water body.

11. Along oil and gas pipelines offshore and in Internal Water Basins, safety zones shall be set as two parallel planes from water surface to the sea bed, each 500 meters off the marginal string of the pipeline.

12. Construction of onshore supply bases, including storage of fuel and lubricants, vehicle service stations, excluding ports, berths and jetties, shall be carried out outside the water protection zone along the see coast and Internal Water Basins with the use of the existing infrastructure. Construction of facilities and other operations may be allowed within a water protection zone in the cases stipulated by the legislation of Turkmenistan.

13. The areas of berths and supply bases shall be planned in such a manner that logistic and maintenance operations could be carried out in compliance with all requirements for environment safety and community health.

14. Upon completion of functioning and decommissioning of infrastructure facilities a restoration of the area shall have to be carried out in accordance with project documents agreed with the competent governmental body in the sphere of environment protection.

15. To abandon a well drilled from any type of platform, the casing shall be removed to the mud level as potential obstructions for fishery and navigation.

сохранения и воспроизводства ценных видов рыб и других объектов водного промысла.

9. При проведении Нефтяных работ Подрядчик должен обеспечить проведение мероприятий по предупреждению, ограничению и ликвидации аварийных разливов.

10. При строительстве нефтегазопроводов на территории Туркменистана, включая море и Внутренние водоёмы, должны применяться технические средства и оборудование, обеспечивающие минимальный объем нарушений земель и водного дна, и использоваться технологии и методы, локализующие распространение взвешенных веществ в толще воды.

11. Вдоль нефтегазопроводов на море и во Внутренних водоёмах должны устанавливаться охранные зоны в виде участков водного пространства от водной поверхности до дна, заключённого между параллельными плоскостями, отстоящими от оси крайних ниток трубопровода на 500 метров с каждой стороны.

12. Строительство береговых баз, в том числе складов горюче-смазочных материалов, станций технического обслуживания транспортных средств, кроме портов и причалов, должно осуществляться вне водоохранной зоны берега моря и Внутренних водоёмов с использованием существующей инфраструктуры. Допускаются строительство объектов и выполнение работ в водоохранной зоне в случаях, предусмотренных законодательством Туркменистана.

13. Районы причалов и баз снабжения должны планироваться таким образом,

The Petroleum Law of Turkmenistan (20 November 2008)
Закон Туркменистана «Об углеводородных ресурсах» (20 ноября 2008 года)

Page | Страница 54 / 86

чтобы операции по снабжению, техническому обслуживанию и заправке осуществлялись с соблюдением всех требований, обеспечивающих безопасность окружающей среды и здоровья населения.

14. По завершении функционирования объектов инфраструктуры и их демонтажа должна быть проведена рекультивация земель в соответствии с проектной документацией, согласованной с уполномоченным государственным органом в области охраны окружающей среды.

15. При ликвидации скважин, пробуренных с платформ любого типа, их конструкции должны быть полностью демонтированы и удалены, а головки герметизированных скважин срезаны на уровне дна во избежание помех рыболовству и судоходству.

Статья 45. Мониторинг окружающей среды

1. В целях принятия необходимых мер по предупреждению, устранению и снижению негативного воздействия на окружающую среду и обеспечения экологически безопасного проведения Нефтяных работ, в том числе в туркменском секторе Каспийского моря, Подрядчик обязан вести мониторинг окружающей среды.

Подрядчиком до начала и на весь период проведения Нефтяных работ должна быть создана система получения комплексной текущей информации об изменениях, происходящих в окружающей среде, и характере влияния на неё проводимых Нефтяных работ.

2. Оценка Подрядчиком воздействия на окружающую среду каждого этапа

Article 45. Environmental Monitoring

1. With the purpose of taking necessary measures to prevent, eliminate and reduce the negative impact on the natural environment and ensure ecologically safe conduct of Petroleum Operations, including offshore operations in the Turkmen sector of the Caspian Sea, the Contractor shall maintain a monitoring system.

Before starting the conduct of Petroleum Operations and for the entire period of their conduct, a Contractor shall set up a monitoring system for obtaining comprehensive current information on changes occurring in the natural environment and on the nature of environmental impact of the Petroleum Operations conducted.

2. The environment impact assessment for every stage of Petroleum Operations shall

The Petroleum Law of Turkmenistan (20 November 2008)
Закон Туркменистана «Об углеводородных ресурсах» (20 ноября 2008 года)

Page | Страница 55 / 86

provide for ecological and operational monitoring, including:

1) baseline surveys prior to the commencement of each stage of Petroleum Operations including geophysical surveys, exploration drilling, production of petroleum, as well as after the decommissioning of the facility;

2) pollution source monitoring;

3) general environmental monitoring;

4) post-emergency pollution monitoring.

3. The Contractor shall ensure that his system of ecological and operational monitoring includes observation of the following data:

1) pollution levels of air, soil, land waters and sea beds, on all conventional parameters;

2) natural cycles, hydro meteorological data (water temperature, currents, wind speed and direction, precipitation, ambient pressure and humidity).

4. As required and as requested by the relevant government authority, the Contractor shall carry out additional surveys of environment condition.

5. The Contractor shall choose environment observation types and methods in compliance with the procedures determined by the competent government bodies specialized in environment related regulations.

6. In implementation of operational monitoring the Contractor shall take in account the surveys of previous years and use the readings of any existing (weather) stations located within the Contract Area and neighboring areas, with a view to consistent long-term monitoring.

Нефтяных работ должна предусматривать проведение экологического и производственного мониторинга, включающего в себя:

1) фоновые исследования состояния окружающей среды до начала каждого из этапов Нефтяных работ, включая геофизические исследования, разведочное бурение, добычу углеводородов, а также после ликвидации объекта;

2) мониторинг источников загрязнения;

3) мониторинг состояния окружающей среды;

4) мониторинг последствий аварийного загрязнения окружающей среды.

3. Осуществление Подрядчиком экологического и производственного мониторинга окружающей среды должно включать наблюдения за следующими параметрами:

1) уровнем загрязнения атмосферы, почвы, поверхностных вод, донных отложений по всем принятым показателям;

2) естественными циркуляционными процессами, гидрометеорологическими показателями (температурой воды, течениями, скоростью и направлением ветров, атмосферными осадками, атмосферным давлением, влажностью воздуха).

4. В случае необходимости и по требованию уполномоченного государственного органа в области охраны окружающей среды Подрядчик должен провести дополнительные исследования состояния окружающей среды.

The Petroleum Law of Turkmenistan (20 November 2008)
Закон Туркменистана «Об углеводородных ресурсах» (20 ноября 2008 года)

Page | Страница 56 / 86

7. The Contractor shall submit to the Concern the data on ecological and operational monitoring.

5. Подрядчик определяет виды и методы наблюдения за состоянием окружающей среды в порядке, установленном уполномоченным государственным органом в области охраны окружающей среды.

6. При проведении производственного мониторинга Подрядчик должен учитывать результаты наблюдений предыдущих лет и использовать показания уже существующих станций, расположенных на площади работ (в пределах Договорной территории и в ее окружении), в целях продолжения ряда долгосрочных наблюдений.

7. Подрядчик обязан передать результаты экологического и производственного мониторинга в Концерн.

The Petroleum Law of Turkmenistan (20 November 2008)
Закон Туркменистана «Об углеводородных ресурсах» (20 ноября 2008 года)

Page | Страница 57 / 86

CHAPTER IX - FINANCIAL AND FISCAL REGIME

Article 46. Currency transactions

1. The rules for carrying out currency transactions by the Contractor shall be determined by the current legislation of Turkmenistan in the context of the provisions of this Law.

The procedure for carrying out currency transactions shall be set out in the Contract.

2. Proceeds accruing to the Contractor from the sale of its Petroleum entitlement share may be deposited on the accounts in Turkmenistan banks as well as on his accounts in foreign banks. In this regard, the Contractor shall submit statements of such accounts to the Concern and the Central Bank of Turkmenistan for control in accordance with the current legislation of Turkmenistan on currency exchange regulation.

3. Contractor shall have the right to open and maintain accounts in banks in the territory of Turkmenistan in national currency of Turkmenistan as well as use these accounts for settlements in connection with Petroleum Operations, in national and foreign currency.

4. Contractor shall have the right to enter into contracts with Persons of Turkmenistan, (provided that) foreign currency is stipulated in their terms of payment.

5. The provisions under this article shall also apply to Subcontractors.

ГЛАВА IX - ФИНАНСОВЫЙ И НАЛОГОВЫЙ РЕЖИМ

Статья 46. Валютные операции

1. Правила проведения валютных операций Подрядчиком определяются законодательством Туркменистана о валютном регулировании с учётом положений настоящего Закона.

Порядок проведения валютных операций излагается в Договоре.

2. Выручка, полученная Подрядчиком от реализации причитающейся ему доли Углеводородных ресурсов, может зачисляться на счета в банках Туркменистана, а также на его счета в иностранных банках. При этом Подрядчик представляет выписки из этих счетов Концерну и Центральному банку Туркменистана для контроля в соответствии с законодательством Туркменистана о валютном регулировании.

3. Подрядчик вправе открывать и вести счета в банках на территории Туркменистана, а также производить по этим счетам расчёты в национальной и иностранной валютах за проведение Нефтяных работ.

4. Подрядчик вправе заключать договоры с Лицами Туркменистана, условиями платежа которых предусмотрена оплата в иностранной валюте.

5. Положения настоящей статьи применяются также в отношении Субподрядчика.

The Petroleum Law of Turkmenistan (20 November 2008)
Закон Туркменистана «Об углеводородных ресурсах» (20 ноября 2008 года)

Page | Страница 58 / 86

Article 47. Customs regime and registration of a contract

1. Customs regime shall be applied in accordance with the legislation of Turkmenistan in the context of this Law.

2. Goods, materials and equipment intended for the conduct of Petroleum Operations and imported into Turkmenistan by the Contractor as well as those products the Contractor owns in accordance with the Contract, exported by the Contractor shall be exempt from customs duties or dues set by the current legislation of Turkmenistan.

3. Agreements (contracts) for importation or exportation of goods, materials and equipment required for execution of works (services) and sale and purchase contracts of goods, materials and equipment, which are concluded based on execution of Petroleum Operations shall be exempted from the registration at the State Commodity Exchange of Turkmenistan.

4. Customs clearing procedures for goods, materials and equipment imported into Turkmenistan by the Contractor for the conduct of Petroleum Operations, or for exportation from Turkmenistan of the said goods, materials and equipment, as well as the Petroleum resources entitlement share due to the Contractor, shall be regulated by the Statements of the President of Turkmenistan or the Cabinet of Ministers (the Government) of Turkmenistan.

The Statements of the President of Turkmenistan can establish restrictions or prohibitions with respect to import, purchase and use of explosive materials and agents, radioactive and chemical materials, which are used by the Contractor while execution of Petroleum Operations.

Статья 47. Таможенный режим и регистрация договора

1. Таможенный режим Нефтяных работ осуществляется в соответствии с законодательством Туркменистана с учётом положений настоящего Закона.

2. Товары, материалы и оборудование, предназначенные для проведения Нефтяных работ по Договору и ввозимые Подрядчиком в Туркменистан, а также вывозимая Подрядчиком из Туркменистана продукция, принадлежащая ему в соответствии с Договором, освобождаются от таможенных пошлин и сборов, установленных законодательством Туркменистана.

3. Договоры (контракты) на ввоз и вывоз товаров, материалов и оборудования, на выполнение работ (услуг), а также договоры купли-продажи товаров, материалов и оборудования, заключаемые в рамках осуществления Нефтяных работ, освобождаются от регистрации на Государственной товарно-сырьевой бирже Туркменистана.

4. Порядок таможенного оформления ввоза Подрядчиком в Туркменистан товаров, материалов и оборудования для производства Нефтяных работ, вывоза из Туркменистана указанных товаров, материалов и оборудования, а также объёмов Углеводородных ресурсов, причитающихся Подрядчику, определяется актами Президента Туркменистана или Кабинета Министров (Правительства) Туркменистана.

Актами Президента Туркменистана могут быть установлены ограничения или запрет в отношении ввоза, приобретения и использования взрывчатых материалов и веществ, радиоактивных и химических

The Petroleum Law of Turkmenistan (20 November 2008)
Закон Туркменистана «Об углеводородных ресурсах» (20 ноября 2008 года)

Page | Страница 59 / 86

5. Contractor shall not be exempted from the payment of custom duties and other payments for the conduct of operations other than Petroleum Operations.

6. The provisions under this article shall also apply to Subcontractors.

7. The provisions under this article shall apply to the Concern's activity and its organizations (companies), branches, representations or any other subdivisions in Turkmenistan if such activity pertains to the conduct of Petroleum Operations and implementation of the Concern's duties and powers pursuant to this Law.

Article 48. Taxes and payments

1. In the conduct of Petroleum Operations the Contractor shall pay only the following taxes and levies:

1) a tax on profit (income) of legal persons at the rate which is established by the Tax Code of Turkmenistan and shall be specified in the Contract. In this regard, the tax rate shall remain constant during the entire period of the Contract validity even if this rate will be changed in the Tax Code of Turkmenistan;

2) Payments for mineral resources exploitation.

2. The payments for mineral resources exploitation may include:

1) Royalty on Petroleum production, at the rate determined as a percentage of the produced Petroleum or the value of the produced Petroleum, shall be paid by the Contractor in money terms or in kind as part of the produced Petroleum;

материалов, используемых Подрядчиком при осуществлении Нефтяных работ.

5. Подрядчик не освобождается от уплаты таможенных пошлин и других платежей при осуществлении деятельности, не относящейся к Нефтяным работам.

6. Положения настоящей статьи также, применяются в отношении Субподрядчика.

7. Положения настоящей статьи распространяются на деятельность Концерна и его предприятий (компаний), филиалов, представительств и иных подразделений на территории Туркменистана, если такая деятельность связана с осуществлением Нефтяных работ и реализацией их функций и полномочий в соответствии с настоящим Законом.

Статья 48. Налоги и платежи

1. При проведении Нефтяных работ Подрядчик уплачивает только следующие налоги и платежи:

1) налог на прибыль (доход) юридических лиц, ставка которого устанавливается Налоговым кодексом Туркменистана и фиксируется в Договоре. При этом данная ставка налога остаётся неизменной в течение всего периода действия Договора даже в случае изменения этой ставки в Налоговом кодексе Туркменистана;

2) платежи за пользование недрами.

2. Платежи Подрядчика за пользование недрами могут включать:

1) роялти на Добычу Углеводородных ресурсов, устанавливаемые в процентном отношении от объёма Добычи Углеводородных ресурсов или от стоимости произведённой продукции и уплачиваемые Подрядчиком в денежной форме или в виде

The Petroleum Law of Turkmenistan (20 November 2008)
Закон Туркменистана «Об углеводородных ресурсах» (20 ноября 2008 года)

Page | Страница 60 / 86

2) Payment of the bonus in form of lump sums – on the conclusion of the Contract, on a Commercial Discovery, on achievement of certain Petroleum production levels specified in the Contract, and other cases as may be stipulated in the Contract.

Procedures for computation of and payment of the said sums shall be determined by the Contract.

3. In the conduct of Petroleum Operations the Contractor shall not pay other taxes, duties, levies or other mandatory payments imposed by the legislation of Turkmenistan, unless otherwise contemplated herein.

4. Contractor's taxable profit shall be determined in accordance with internationally accepted accounting and reporting practice in Petroleum Operations, the Contract provisions and the requirements set out in this article.

Should the Contract set provisions different from the provisions of this article, the provisions of this article shall prevail and apply.

Should the Contract have provisions in conflict with accepted accounting and reporting practices in the international petroleum industry, the provisions of the Contract shall prevail and apply.

Provisions not reflected in the Contract, shall apply in accordance with internationally accepted accounting and reporting practices in Petroleum Operations.

Procedures in connection with an international agreement to which Turkmenistan may be a party to avoid dual taxation, shall be determined by the laws of Turkmenistan.

5. In the conduct of Petroleum Operations, a legal person Subcontractor shall be deemed an

части добытых Углеводородных ресурсов;

2) бонус, уплачиваемый в форме разовых платежей при подписании Договора, при коммерческом открытии Месторождения промышленного значения, при достижении определённого Договором уровня добычи Углеводородных ресурсов и в других случаях, предусмотренных Договором.

Порядок исчисления и уплаты указанных платежей и их суммы определяются Договором.

3. При проведении Нефтяных работ Подрядчик не является плательщиком всех других видов налогов, сборов, пошлин и иных обязательных платежей, установленных законодательством Туркменистана, если иное не установлено настоящим Законом.

4. Налогооблагаемая прибыль Подрядчика определяется в соответствии с международной практикой ведения учёта и отчётности, принятой при проведении Нефтяных работ, положениями Договора и требованиями настоящей статьи.

Если в Договоре установлены иные положения, чем положения, установленные настоящей статьёй, то применяются положения настоящей статьи.

Если в Договоре установлены иные положения, чем международной практикой ведения учёта и отчётности, принятой при проведении Нефтяных работ, то применяются положения Договора.

Положения, не отражённые в Договоре, принимаются в соответствии с международной практикой ведения учёта и отчётности, принятой при проведении Нефтяных работ.

The Petroleum Law of Turkmenistan (20 November 2008)
Закон Туркменистана «Об углеводородных ресурсах» (20 ноября 2008 года)

Page | Страница 61 / 86

income tax payer as a legal person, and provision three of this article shall apply to him.

6. Computations procedures for Subcontractor's taxable profit obtained from activities in accordance with this Law shall be determined by the Tax Code of Turkmenistan, applied in the context of the provisions specified in this article.

Taxation for any Subcontractor's activity other (than that pertaining to Petroleum Operations), shall be in accordance with the Tax Code of Turkmenistan as per general procedures.

7. While obtaining the amount of taxable profit (income), the following shall be taken in account:

1) The gross receipts if the Contractor, forming a basis for the computation of taxable profit (income) in accordance with this Law, shall include all receipts under the Contract. Other receipts of the Contractor shall be included in the gross receipt forming a basis for the computation of taxable income in accordance with the procedure set by the Tax Code of Turkmenistan;

2) To compute proceeds from sold goods and services, the actual prices (rates) applied by the Contractor and Subcontractor may be adopted as effective market price. The aforesaid shall not be construed as a Contractor's or Subcontractor's right to ascribe to exemptions any expenditures on purchase of goods, work, services, which prices and rates significantly exceed (by more than 10 percent) effective market prices, nor deprives the tax authorities of the right to correct in such cases the taxable income for Contractors and Subcontractors;

3) Taxation of proceeds from the sale of property legally owned by a Contractor (or Subcontractor) while closing down operations in Turkmenistan shall be carried out in the

Процедуры, связанные с применением международного договора (соглашения) Туркменистана об устранении двойного налогообложения, определяются законодательством Туркменистана.

5. При проведении Нефтяных работ Субподрядчик - юридическое лицо признается плательщиком только налога на прибыль (доход) юридических лиц и к нему применяются положения части третьей настоящей статьи.

6. Порядок определения налогооблагаемой прибыли Субподрядчика, полученной от деятельности в соответствии с настоящим Законом, устанавливается Налоговым кодексом Туркменистана с учётом особенностей, указанных в настоящей статье.

Налогообложение Лица, являющегося Субподрядчиком по его иной деятельности, осуществляется в соответствии с Налоговым кодексом Туркменистана в общеустановленном порядке.

7. При определении налогооблагаемой прибыли (дохода) учитываются следующие особенности:

1) в валовой доход Подрядчика, принимаемый для исчисления прибыли, облагаемой налогом в порядке, установленном настоящим Законом, включаются все доходы, определённые по Договору. Иные доходы Подрядчика включаются в валовой доход, принимаемый для обложения налогом, в порядке, установленном Налоговым кодексом Туркменистана;

2) для определения дохода от реализации товаров, выполнения работ и оказания услуг в качестве реальной рыночной цены могут приниматься цены (тарифы), фактически

The Petroleum Law of Turkmenistan (20 November 2008)
Закон Туркменистана «Об углеводородных ресурсах» (20 ноября 2008 года)

Page | Страница 62 / 86

context of this Law. The same procedure shall apply when such Persons sell faulty or obsolete plant, equipment and other property they possess by right. To such activity (operation), this article parts 3-5 shall apply;

4) Transfer of title to the Contractor's property from the Contractor to the Concern once the value of the Contractor's property recognized as costs recoverable, as well as in other cases under the Contract, shall not be construed as sale of such property by the Contractor. Nor shall be construed as revenue any gratuitous use of such property by the Contractor after the title to the property was transferred to the Concern;

5) In cases determined by the Contract, a relevant part of general administrative expenses of the Contractor for general administrative support provided by the Contractor's Parent Companies outside Turkmenistan, may be ascribed to exemptions at a fixed value which shall be based on the percentage determined by such Contract;

6) Proceeds from transfer (assignment) of all or part of Contractor's rights and obligations under the Contract shall be accounted as taxable revenue. The value of all or part of rights under the Contract, acquired by a new Contractor shall, for the purpose of taxation, deemed as his expenditures and accounted in the exemptions via depreciation deductions during 4 (tax) years. The said revenues and expenses shall not be accounted as costs recoverable;

7) The amount of depreciation for Subcontractor shall be determined at rates based on service life of assets in accordance with accepted international practice of accounting and reporting in the conduct of Petroleum Operations. Deductions with respect to the depreciation of intangible assets shall be accounted by the Contractor as exemptions, provided the Contractor comply with the requirements of the legislation of Turkmenistan

применённые Подрядчиком и Субподрядчиком. Указанное не может рассматриваться как право Подрядчика и Субподрядчика принимать в вычеты расходы на приобретение товаров, работ и услуг, цены и тарифы по которым имеют значительное (более 10 процентов) завышение от реальных рыночных цен, и исключение права органов налоговой службы производить в этих случаях корректировку налогооблагаемой прибыли Подрядчика и Субподрядчика;

3) налогообложение доходов от реализации имущества, принадлежащего Подрядчику или Субподрядчику на праве собственности, в период завершения его деятельности на территории Туркменистана осуществляется с учётом положений настоящего Закона. Такой же порядок применяется в период деятельности этих Лиц в отношении реализации принадлежащих им на праве собственности и пришедших в негодность или устаревших машин, оборудования и иного имущества. К такой деятельности (операции) применяются положения частей 3-5 настоящей статьи;

4) переход права собственности на имущество Подрядчика к Концерну после отнесения его стоимости на возмещаемые затраты Подрядчика, а также в иных случаях, установленных Договором, не рассматривается как реализация такого имущества Подрядчиком. Не рассматривается в качестве дохода безвозмездное использование такого имущества Подрядчиком после перехода права собственности от него к Концерну;

5) в случаях, установленных Договором, соответствующая часть общих административных расходов Подрядчика на общую административную поддержку, предоставляемую Родственными компаниями Подрядчика за пределами

The Petroleum Law of Turkmenistan (20 November 2008)
Закон Туркменистана «Об углеводородных ресурсах» (20 ноября 2008 года)

Page | Страница 63 / 86

and only on confirmation that the assets were used to derive revenue. Any gratuitous assets shall be excluded from depreciable assets;

8) sickness benefits and other social benefits and allowances stipulated by the legislation of Turkmenistan and (or) the Contract, paid on account of Contractor, even if they are not classified as costs recoverable, shall be accounted as expenditures;

9) favorable taxes/remissions/exemptions for Contractors and Subcontractors shall apply only in conformity to the provisions of the Tax Code of Turkmenistan;

10) loss carry forward for a Contractor shall be specified in the Contract for not more than 10 years from the commencement of commercial production of Petroleum. Any expenses incurred by the Contractor prior to the commencement of commercial production of Petroleum, shall be accounted in deductions after such commencement date via depreciation at rates specified in the Contract.

8. A Subcontractor which is a physical person shall pay physical person income taxes regulated by the Tax Code of Turkmenistan as per general procedures.

9. A legal person Subcontractor, which activity does not entail a constant representative office in Turkmenistan, shall pay taxes on received proceeds without any deductions on tariffs and in accordance with the procedure set by the Tax Code of Turkmenistan. The amount of such tax shall not be able to increase the cost of rendered services.

10. Taxation of a Person before one gets the status of Contractor shall be carried out as per the procedure set by the Tax Code of Turkmenistan.

11. Taxation of a Person who had the status of

Туркменистана, может приниматься в качестве вычетов по фиксированной величине, исчисленной исходя из процентов, установленных таким Договором;

6) доходы от передачи (переуступки) всех или части прав и обязательств Подрядчика по Договору новому Подрядчику учитываются в качестве дохода, подлежащего налогообложению. Стоимость приобретённых новым Подрядчиком всех или части прав по Договору в целях налогообложения рассматривается в качестве его затрат и учитывается в вычетах через амортизационные отчисления в течение 4 лет. Указанные доходы и расходы не учитываются при определении возмещаемых затрат;

7) амортизационные отчисления Субподрядчика исчисляются по нормам, определяемым им исходя из обоснованного полезного срока использования имущества в соответствии с международной практикой ведения учёта и отчётности, принятой при проведении Нефтяных работ. Амортизационные отчисления по нематериальным активам Подрядчиком учитываются в качестве вычетов только при соблюдении условий, установленных законодательством Туркменистана, и подтверждении их фактического использования для извлечения дохода. Из состава амортизируемого имущества исключается имущество, полученное безвозмездно;

8) в расходах учитываются пособия по временной нетрудоспособности и другие социальные пособия или выплаты, установленные законодательством Туркменистана и (или) Договором и выплачиваемые работникам за счёт Подрядчика, даже если такие расходы не являются возмещаемыми затратами;

The Petroleum Law of Turkmenistan (20 November 2008)
Закон Туркменистана «Об углеводородных ресурсах» (20 ноября 2008 года)

Page | Страница 64 / 86

Subcontractor during the period when he did not provided services for Petroleum Operations under his contract with a Contractor of other Subcontractor, shall be carried out as per the procedure set by the Tax Code of Turkmenistan.

12. If a Contractor is a party to two or more Contracts, he shall maintain separate accounts of receipts and expenditure and of his taxable income received under each separate Contract.

13. If a Contractor is engaged in any activity different from Petroleum Operations, he shall keep records of receipt and expenditure and of his taxable income received related to Petroleum Operations under each Contract and on his non related activity separately. When such separate accounting is not practicable, the receipts and expenditures shall be distributed proportionally according to the income in the cumulative total of such Person's income.

The above provision shall also apply to Subcontractors in their activity not related to Petroleum Operations.

14. For Contractors and Subcontractors, tax year shall be reported and taxable period. The deadlines to file tax returns and pay the taxes may be specified in the Contract. In the event a Subcontractor is engaged in Petroleum Operations for several Contractors (Subcontractors), whose contracts with the former stipulate different times (for tax return filing) the latest times shall apply.

No advance payments shall be required from such Persons.

In the event the Contract does not defines deadlines for tax return filling and tax payment, those deadlines shall apply which are set by the Tax Code of Turkmenistan.

15. Contractors and Subcontractors may make

9) налоговые льготы для Лиц, являющихся Подрядчиками и Субподрядчиками, применяются только в соответствии с положениями Налогового кодекса Туркменистана;

10) перенос убытков для Подрядчика устанавливается Договором, но на срок не более 10 лет с момента начала коммерческой добычи Углеводородных ресурсов. Все затраты Подрядчика, произведённые до начала коммерческой добычи Углеводородных ресурсов, учитываются в вычетах после начала такой добычи через амортизационные отчисления по нормам, установленным Договором.

8. Субподрядчик - физическое лицо уплачивает налог на доходы физических лиц, исчисляемый в соответствии с Налоговым кодексом Туркменистана в общеустановленном порядке.

9. Налогообложение Субподрядчиков, являющихся иностранными юридическими лицами, чья деятельность не приводит к образованию постоянного представительства на территории Туркменистана, производится с выплачиваемых доходов без предоставления вычетов поставкам и в порядке, установленным Налоговым кодексом Туркменистана. Сумма такого налога не может увеличивать стоимость выполняемых работ и оказываемых услуг.

10. Налогообложение Лица до получения им статуса Подрядчика осуществляется в порядке, установленном Налоговым кодексом Туркменистана.

11. Налогообложение Лица, имевшего статус Субподрядчика в период, когда им не осуществляется деятельность по исполнению отдельных видов Нефтяных работ по его договору с Подрядчиком или

The Petroleum Law of Turkmenistan (20 November 2008)
Закон Туркменистана «Об углеводородных ресурсах» (20 ноября 2008 года)

Page | Страница 65 / 86

income (profit) tax payments effective, via their tax agents as an option, in a freely convertible currency.

16. In cases when a Person is a Contractor on various Contracts or a Contractor or Subcontractor engaged in other activity, then tax returns shall be filed according to each Contract and other activity separately.

17. In the purpose of this article application, the status of a Subcontractor shall be confirmed by the Contractor as per the procedure set by the Concern and the Chief State Tax Service of Turkmenistan.

18. In the event new taxes or payments are introduced after the conclusion of a Contract, the Contractor shall pay only those superseding the currently paid taxes or payments. In this regard, the total of these mandatory payments shall not be more than the total of taxes and payments determined for the Contractor on the Contract effective date.

19. Contractors and (or) Subcontractors shall be exempt from taxes, dues, duties or other statutory payments in case they, with written consent of the Concern, transfer goods (deliver services) free of charge to a legal person of Turkmenistan as humanitarian aid or charity act or other aid, even if such transfer of goods (services delivering) is not provided by the Contract.

20. Neither Contractors nor Subcontractors shall be exempted from fines, fiscal penalties or late payment interest charges, as may be set by the legislation of Turkmenistan.

21. Income tax computation and payment for physical persons, on special purpose accounts for municipality improvement projects for physical persons employed by a Contractor or Subcontractor, shall be carried out in accordance with the Tax Code of Turkmenistan

другим Субподрядчиком в рамках Договора, производится в порядке, установленном Налоговым кодексом Туркменистана.

12. Если Подрядчик является стороной двух и более Договоров, то он должен вести раздельный учёт доходов и вычетов, а также налогооблагаемой прибыли, полученной по каждому Договору в отдельности.

13. Если Подрядчик осуществляет иную, чем Нефтяные работы, деятельность, то он должен вести учёт доходов и расходов (вычетов), а также налогооблагаемой прибыли, относящихся к Нефтяным работам, - по каждому Договору, а также по иной деятельности раздельно. При невозможности ведения раздельного учёта отдельных видов расходов (вычетов) они распределяются пропорционально доле соответствующего дохода в суммарном объёме всех доходов такого Лица.

Указанное положение относится и к Субподрядчику при осуществлении им деятельности, не относящейся к Нефтяным работам.

14. Для Подрядчиков и Субподрядчиков отчётным и налоговым периодом является налоговый год. Сроки представления налоговой декларации, и уплата налога для них могут устанавливаться положениями Договора. В тех случаях, когда Субподрядчик выполняет Нефтяные работы для нескольких Подрядчиков (Субподрядчиков), у которых в соответствии с Договором установлены различные сроки, применяются наиболее поздние сроки.

Уплата авансовых платежей налога такими Лицами не производится.

В случаях, когда Договором не установлены сроки представления налоговой декларации

The Petroleum Law of Turkmenistan (20 November 2008)
Закон Туркменистана «Об углеводородных ресурсах» (20 ноября 2008 года)

Page | Страница 66 / 86

as per general procedure.

и уплаты налога, применяются сроки, установленные Налоговым кодексом Туркменистана.

15. Подрядчик и Субподрядчик могут осуществлять уплату налога на прибыль (доход), в том числе через налоговых агентов в свободно конвертируемой валюте.

16. В случаях, когда Лицо является Подрядчиком по различным Договорам или является Подрядчиком, или Субподрядчиком и осуществляет при этом иную деятельность, составление налоговых деклараций производится соответственно по каждому Договору и иной деятельности отдельно.

17. В целях применения положений настоящей статьи статус Субподрядчика подтверждается Подрядчиком в порядке, устанавливаемом Концерном и Главной государственной налоговой службой Туркменистана.

18. В случае если после заключения Договора вводятся новые налоги и платежи, Подрядчик уплачивает только те из них, которые устанавливаются вместо уплачиваемых им налогов и платежей. При этом общая сумма таких обязательных платежей не должна превышать суммы налогов и платежей, установленных для Подрядчика на момент вступления в силу Договора;

19. Подрядчик и (или) Субподрядчик освобождаются от уплаты налогов, сборов, пошлин и иных обязательных платежей, установленных законодательством Туркменистана, в случае безвозмездной передачи товаров (выполнения работ и оказания услуг) юридическому лицу Туркменистана с письменного согласия Концерна в качестве гуманитарной, благотворительной или иной помощи, даже

The Petroleum Law of Turkmenistan (20 November 2008)
Закон Туркменистана «Об углеводородных ресурсах» (20 ноября 2008 года)

Page | Страница 67 / 86

если такая безвозмездная передача товаров (выполнение работ и оказание услуг) не предусмотрена условиями Договора.

20. Подрядчик и Субподрядчик не освобождаются от уплаты штрафов, финансовых санкций и пени, установленных законодательством Туркменистана.

21. Исчисление и уплата налога на доходы физических лиц, целевого сбора на обустройство территории городов, посёлков и сельских населённых пунктов с физических лиц, работающих по найму у Подрядчика или Субподрядчика, производится в соответствии с Налоговым кодексом Туркменистана в общеустановленном порядке.

Article 49. Book-keeping and auditing

1. Contractor in the course of Petroleum Operations shall maintain bookkeeping and submit accounting in accordance with internationally accepted practice of accounting and reporting in Petroleum Operations and the terms of the Contract. In this regard, a freely convertible currency shall be used as the monetary unit of the book-keeping.

If the Contractor is engaged in an activity other than Petroleum Operations, then he shall to keep and submit accounts in accordance with the legislation of Turkmenistan.

2. Procedures of financial reporting by the Contractor to the Concern and other authorities shall be determined by the Concern on agreement with the financial authorities of Turkmenistan.
No financial reporting in accordance with the accounting standards of Turkmenistan shall not be required.

3. Financial reports to the government authorities of Turkmenistan shall be drawn up

Статья 49. Бухгалтерский учёт и ревизия

1. При проведении Нефтяных работ Подрядчик ведёт бухгалтерский учёт и составляет финансовую отчётность в соответствии с международной практикой ведения учёта и отчётности, принятой при проведении Нефтяных работ, и положениями Договора. При этом в качестве денежной единицы бухгалтерского учёта используется свободно конвертируемая валюта.

Если Подрядчик осуществляет иную, чем Нефтяные работы, деятельность, то он должен вести бухгалтерский учёт и составлять финансовую отчётность в соответствии с законодательством Туркменистана.

2. Порядок составления и представления Подрядчиком финансовой и статистической отчётности Концерну и другим уполномоченным государственным органам устанавливается Концерном по согласованию с такими органами.

The Petroleum Law of Turkmenistan (20 November 2008)
Закон Туркменистана «Об углеводородных ресурсах» (20 ноября 2008 года)

Page | Страница 68 / 86

on an annual basis. For this purpose the forms shall be completed in accordance with provision 2 of this article by way of recounting into the national currency of Turkmenistan at the official exchange rate of the Central Bank of Turkmenistan on the last day of the report period.

4. Auditing of the financial and economic activity of the Contractor shall be carried out by the Concern or other government authority designated by the Cabinet of Ministers of Turkmenistan. The said authorities shall be entitled to avail themselves of the services of independent auditing firms, including international experts.

5. Auditing of the compliance with the tax law legislation of Turkmenistan shall be carried out by the tax authorities of Turkmenistan as per the procedures set by the Tax Code of Turkmenistan, taken in the context of this Law by way of a notice served to the Concern 20 days prior to the commencement of such audit.

6. The provisions under this article shall also apply to Subcontractors, except for the provisions regarding applications of the Contract.

Article 50. Costs not recoverable in the conduct of Petroleum Operations

In the conduct of Petroleum Operations, the Contractor shall not be compensated for the following expenses:

Финансовая отчётность в соответствии со Стандартами бухгалтерского учёта Туркменистана не составляется.

3. Финансовая отчётность, представляемая государственным органам Туркменистана, составляется по итогам за год. Для этой отчётности используются формы финансовой отчётности, составляемой в соответствии с требованиями части второй настоящей статьи путём пересчёта показателей этой отчётности в национальную валюту Туркменистана по официальному курсу Центрального банка Туркменистана на последнее число отчётного периода.

4. Проверки финансово-хозяйственной деятельности Подрядчика проводятся Концерном либо другим государственным органом, специально уполномоченным Кабинетом Министров Туркменистана. Указанные органы вправе обращаться к услугам независимых аудиторских служб, в том числе международных экспертов.

5. Проверка соблюдения налогового законодательства Туркменистана в порядке, установленном Налоговым кодексом Туркменистана, с учётом положений настоящего Закона путём предварительного письменного уведомления Концерна за 20 дней до начала такой проверки.

6. Положения настоящей статьи применяются также и в отношении Субподрядчиков, за исключением положений, касающихся применения Договора.

Статья 50. Невозмещаемые затраты при проведении Нефтяных работ

При проведении Нефтяных работ подрядчику не возмещаются следующие виды затрат:

The Petroleum Law of Turkmenistan (20 November 2008)
Закон Туркменистана «Об углеводородных ресурсах» (20 ноября 2008 года)

Page | Страница 69 / 86

CHAPTER IX - FINANCIAL AND FISCAL REGIME

1) Profit tax imposed on Contractor;

2) Petroleum production royalty;

3) Payment of the bonus in form of lump sums – on the conclusion of the Contract, on a Commercial Discovery, on achievement of certain Petroleum production levels specified in the Contract, and in other cases as may be stipulated in the Contract;

4) expenses, taxes included, associated with the assignment of the Contractor's rights and obligations;

5) fines, penalties, stipulated damages and other financial sanctions and administrative dues, applicable to the Contractor for noncompliance with the legislation of Turkmenistan;

6) losses and damages, inflicted by any legal or physical persons, being Contractor's employees, for which the Contractor is liable in accordance with the legislation of Turkmenistan;

7) losses and damages, inflicted to foreign legal or physical persons, being Contractor's employees, for which the Contractor is liable in accordance with rulings of other state's courts and international arbitraries;

8) any costs incurred by the Contractor without an appropriate sanction from the Concern;

9) any costs not related to the conduct of Petroleum Operations;

10) other costs which are not stipulated as recoverable by the Contract.

ГЛАВА IX – ФИНАНСОВЫЙ И НАЛОГОВЫЙ РЕЖИМ

1) налог на прибыль (доход) Подрядчика;

2) роялти на добычу Углеводородных ресурсов;

3) бонусы, уплачиваемые в форме разовых платежей при подписании Договора, при коммерческом открытии Месторождения промышленного значения, при достижении определённого Договором уровня добычи Углеводородных ресурсов, и другие их виды, предусмотренные Договором;

4) расходы, в том числе налоги, связанные с передачей прав Подрядчика;

5) штрафы, пени, неустойки и иные виды финансовых и административных санкций, применяемых к Подрядчику за нарушение законодательства Туркменистана;

6) убытки и вред, причинённые юридическим и физическим лицам, работникам Подрядчика, которые в соответствии с законодательством Туркменистана Подрядчик обязан возместить;

7) убытки и вред, причинённые иностранным юридическим и физическим лицам, работникам Подрядчика, которые в соответствии с решениями судов иностранных государств и международных арбитражных судов Подрядчик обязан возместить;

8) затраты, которые были осуществлены подрядчиком без согласия Концерна;

9) затраты, не связанные с проведением Нефтяных работ;

10) иные невозмещаемые затраты, предусмотренные условиями Договора.

The Petroleum Law of Turkmenistan (20 November 2008)
Закон Туркменистана «Об углеводородных ресурсах» (20 ноября 2008 года)

Page | Страница 70 / 86

Article 51. The Concern's source of income and taxation

1. The source of income for the Concern shall be the following:

1) royalty on the petroleum production, determined as a percentage ratio of the Petroleum produced or the value of the produced Petroleum and payable by the Contractor in specie or kind as a portion of the Petroleum produced by the Contractor in the performance of the Petroleum Operations in accordance with the Agreements/Contracts referred to in Paragraph 1 Article 21 of this Law;

2) bonuses paid as lump sums upon: signing of the Agreement/Contract; Commercial Discovery; achievement of certain Petroleum Production levels specified in the Agreement/Contract; and other cases as may be stipulated in the Agreement/Contract;

3) proceeds received by the Concern under the Production Sharing Agreement accrued under the Agreement/Contract;

4) proceeds received by the Concern under other types of Agreements/Contracts in the performance of the Petroleum Operations;

5) any earnings received by the Concern under other Agreements/Contracts executed in accordance with this Law, as well as income resulting from the Concern's activities such as management of its assets including movable property, fixed assets and financial assets.

2. Part of the income, as specified in Subparagraph 1, 2 and 5 Paragraph 1 of this Article and earned in the national currency, shall be paid to the State Budget of

Статья 51. Источники дохода и налогообложение Концерна

1. Источниками дохода Концерна по Договору являются следующие:

1) роялти на добычу Углеводородных ресурсов, устанавливаемые в процентном отношении от объёма добычи Углеводородных ресурсов или от стоимости произведённой продукции и уплачиваемые Подрядчиком в денежной форме или в виде части Углеводородных ресурсов, добытых Подрядчиком при выполнении Нефтяных работ в соответствии с Договорами, указанными в части первой статьи 21 настоящего Закона;

2) бонусы, уплачиваемые в форме разовых платежей при подписании Договора, при коммерческом открытии Месторождения промышленного значения, при достижении определённого Договором уровня добычи Углеводородных ресурсов и в других случаях, предусмотренных Договором;

3) доход, получаемый Концерном в рамках Договора (соглашения) о разделе продукции в результате раздела продукции;

4) доходы, получаемые Концерном в рамках иных видов Договоров при проведении Подрядчиком Нефтяных работ;

5) иные доходы, получаемые Концерном по другим договорам, заключаемым в соответствии с настоящим Законом, а также в результате его деятельности, в том числе по управлению своим движимым и (или) недвижимым имуществом, включая активы и финансовые средства.

2. Часть доходов, поступающих в

The Petroleum Law of Turkmenistan (20 November 2008)
Закон Туркменистана «Об углеводородных ресурсах» (20 ноября 2008 года)

Page | Страница 71 / 86

Turkmenistan while another part of the foreign currency proceeds shall be transferred to the country's foreign exchange reserves.

3. The Concern pays to the State Budget of Turkmenistan 20 percent of its income/proceeds specified in the Subparagraph 3 and 4 Paragraph 1 of this Article.

The procedure for calculation and payment of the said amounts to the State Budget of Turkmenistan shall be determined by the Ministry of Finance Turkmenistan, the Main State Tax Service of Turkmenistan and the Concern.

The amount of deductions payable to the State Budget of Turkmenistan from the source of income referred to in Subparagraph 3 and 4 Paragraph 1 of this Article and received by the Concern as a portion of the Petroleum produced, shall be assessed on the amounts earned from the sale of this portion of the Petroleum to Buyer.

The income, referred to in Subparagraph 3 Paragraph 1 of this Article, remaining after the contributions referred to in the first sentence of this Paragraph, is not taxable and is not subject to assessment of any other mandatory withholdings and fiscal charges. This income shall not be included in the Concern's gross income when assessing its taxable profit. Such remaining income shall be at the Concern's own disposal and used at its own discretions.

Part of the income, as specified in the Subparagraph 3 Paragraph 1 of this Article, which is earned in the foreign currency and remaining after the contributions referred to in the first sentence of this Paragraph, shall be further distributed in the manner prescribed by and compliant with other relevant regulations of Turkmenistan.

Part of the income, as specified in

национальной валюте, которые указаны в пунктах 1, 2 и 5 части первой настоящей статьи, отчисляется в Государственный бюджет Туркменистана, а часть, поступающих в иностранной валюте, - в валютный резерв Туркменистана.

3. Концерн отчисляет в Государственный бюджет Туркменистана 20 процентов от суммы доходов, указанных в пунктах 3-4 части первой настоящей статьи.

Порядок исчисления и уплаты указанных отчислений в Государственный бюджет Туркменистана определяется Министерством финансов Туркменистана, Главной государственной налоговой службой Туркменистана и Концерном.

Исчисление суммы указанных отчислений в Государственный бюджет Туркменистана от доходов, указанных в пунктах 3-4 части первой настоящей статьи, получаемых Концерном в виде части добытых Углеводородных ресурсов, производится от суммы выручки, полученной (оплаченной покупателем) от последующей реализации этих Углеводородных ресурсов.

Доходы Концерна, которые указаны в пункте 3 части первой настоящей статьи, оставшиеся после уплаты отчислений, указанных в абзаце первом этой части, не подлежат налогообложению и не являются объектом обложения для исчисления иных обязательных платежей (сборов и отчислений), не включаются в его валовый доход при определении налогооблагаемой прибыли Концерна, остаются в распоряжении Концерна и используются им самостоятельно в соответствии с его решениями.

Часть доходов, поступающих в иностранной валюте, которые указаны в пункте 3 части первой настоящей статьи, оставшихся после

The Petroleum Law of Turkmenistan (20 November 2008)
Закон Туркменистана «Об углеводородных ресурсах» (20 ноября 2008 года)

Page | Страница 72 / 86

Subparagraph 4 Paragraph 1 of this Article, which is earned in the national currency and remaining after the contributions referred to in the first sentence of this Paragraph, shall be paid to the State Budget of Turkmenistan while another part of the foreign currency proceeds shall be transferred to the country's foreign exchange reserves.

The assets, ownership of which is to be transferred from the Contractor to the Concern in accordance with Article 54 of this Law, shall not be considered to constitute income gained by the Concern from which deduction amounts have to be paid to the State Budget of Turkmenistan, as provided for by this Paragraph. The value of such assets shall not be considered to constitute income of the Concern for assessment of the corporate income tax. The sale and/or utilization of the assets shall be regulated by the provisions of Paragraph 4 of this Article.

4. The Concern is subject to the taxation procedures as set out in Article 48 of this Law in respect of Contractors.

Any arrangement by the Concern made for the Contractor to use its assets free of charge after the ownership title had been transferred to the Concern shall not be considered income. When such assets are sold, its net depreciated value shall be deducted as determined in accordance with the norms provided by the applicable regulations of Turkmenistan.

5. The Concern keeps separate books for each type of income/proceeds/earning specified by this Article.

уплаты отчислений, указанных в абзаце первом этой части, распределяется в соответствии с иными нормативными правовыми актами Туркменистана.

Часть доходов, поступающих в национальной валюте, которые указаны в пункте 4 части первой настоящей статьи, оставшаяся после уплаты отчислений, указанных в абзаце первом этой части, отчисляется в Государственный бюджет Туркменистана, а часть доходов, поступающих в иностранной валюте, - в валютный резерв Туркменистана.

Имущество, право собственности на которое в соответствии со статьёй 54 настоящего Закона переходит от Подрядчика к Концерну, не рассматривается в качестве дохода Концерна, с которого производятся отчисления в Государственный бюджет Туркменистана, предусмотренные настоящей частью. Стоимость такого имущества не рассматривается как доход Концерна для целей исчисления налога на прибыль (доход) юридических лиц. При реализации такого имущества применяются положения части четвёртой настоящей статьи Закона.

4. На Концерн распространяется порядок налогообложения, установленный статьёй 48 настоящего Закона в отношении Подрядчика.

Не рассматривается в качестве дохода безвозмездное предоставление Подрядчику права использования имущества после перехода собственности от него к Концерну. При реализации такого имущества в качестве вычетов учитывается его балансовая стоимость, определяемая в соответствии с нормами, установленными законодательством Туркменистана.

5. Концерн ведёт отдельную финансово-

The Petroleum Law of Turkmenistan (20 November 2008)
Закон Туркменистана «Об углеводородных ресурсах» (20 ноября 2008 года)

Page | Страница 73 / 86

экономическую отчётность по доходам, указанным в настоящей статье.

The Petroleum Law of Turkmenistan (20 November 2008)
Закон Туркменистана «Об углеводородных ресурсах» (20 ноября 2008 года)

Page | Страница 74 / 86

CHAPTER X - LEGAL TERMS

ГЛАВА X - ПРАВОВЫЕ УСЛОВИЯ

Article 52. Stabilized conditions for a Contract

In the event of amendments to the legislation of Turkmenistan, which was applicable at the time when the Contract was entered into, including amendments due to the changes to the international treaties to which Turkmenistan is a signatory party, those which may substantially affect the commercial terms of the Contract and the parties' interests, the Contractor and the Concern shall introduce the amendments into the Contract in order to secure balance in the interests of the Contracting Parties and economic results, which were expected by them in accordance with the terms of the Contact at the time the Contract was entered into. The above provision regarding Contract amendments shall not apply in the event of amendments to the legislation of Turkmenistan on the norms, rules, standards of labor law, regulations of environment protection, community safety and health, resource conservation, safety work methods, including those contemplated with a view to bringing them in balance with similar norms, rules and standards of international practice.

Article 53. Assignment of the Contractor's rights and obligations

1. Contractor may assign all or part of its rights and obligations under the License and the Contract to the other interested party, only with the prior written consent of the Concern.

2. In the event of changes in the management and control over the Contractor, the Contractor shall notify the Concern in good time. In this event the Concern shall be entitled to unilaterally revoke the License and terminate the Contract.

Статья 52. Стабильные условия Договора

В случае изменения законодательства Туркменистана, действовавшего на момент заключения Договора, в том числе вызванного изменениями международных договоров, участником которых является Туркменистан, существенно влияющего на коммерческие условия Договора и интересы Сторон договора, Концерн и Подрядчик вносят изменения в содержание Договора в целях обеспечения баланса интересов Сторон договора и экономических результатов, ожидавшихся ими по условиям Договора на момент его заключения исходя из принципов добросовестного партнёрства. Указанное положение об изменении условий Договора не применяется в случае, если законодательством Туркменистана вносятся изменения в нормы, правила, стандарты трудового законодательства, по охране окружающей среды и здоровья населения, охране недр, безопасному ведению работ, в том числе в целях приведения их в соответствие с аналогичными нормами, правилами и стандартами международной практики.

Статья 53. Передача прав и обязательств Подрядчика

1. Подрядчик только с предварительного письменного разрешения Концерна может передавать или закладывать все или часть своих прав и обязательств по Лицензии и Договору.

2. В случае изменения управления и контроля над Подрядчиком, Подрядчик обязан заблаговременно уведомить об этом Концерн. В этом случае Концерн имеет право в одностороннем порядке аннулировать Лицензию и расторгнуть Договор.

The Petroleum Law of Turkmenistan (20 November 2008)
Закон Туркменистана «Об углеводородных ресурсах» (20 ноября 2008 года)

Page | Страница 75 / 86

3. Assignment of the rights and obligations under the Contract shall be carried out in writing and in accordance with the procedure stipulated by the Contract, by way of a special statement, which will be part and parcel of the Contract.

4. As long as Contractor retains any participation interest in the License and the Contract, such Contractor and the assignee of its rights and obligations, shall bear joint responsibility under the Contract.

5. Expenses associated with the assignment of rights and obligations shall be borne by the Contractor.

6. The Concern shall have the priority right to an acquisition of part of the Contractor's interest in the Contract.

7. In compliance with Article 12 of this Law and provisions of the Contract, at any stage of execution of the Contract, the State Concern or the Entity, which is recommended in a capacity of the Contractor, is entitled to purchase not less than 15% of the ownership at the Contract.

Article 54. Ownership of property and of information on subterranean resources

1. The property, either acquired or newly generated by the Contractor and used by him in the conduct of Petroleum Operations under the Contract shall belong to the Contractor.

The title to the said property shall transfer from the Contractor to the Concern from the date when the value of the said property is fully compensated or in accordance with the procedure as may be determined by the Contract.

In this regard, the Contractor is entitled, within the duration of the Contract, to use such property free of charge for the conduct of Petroleum Operations, and the Contractor shall

---

3. Передача прав и обязательств по Договору совершается в письменной форме посредством составления специального акта, являющегося неотъемлемой частью Договора, в порядке, определяемом Договором.

4. До тех пор, пока Подрядчик сохраняет какое-либо участие в Лицензии и Договоре, он и Лицо, которому передаются права и обязательства, несут совместную ответственность по Договору.

5. Расходы, связанные с передачей прав и обязательств, возлагаются на Подрядчика.

6. Концерн имеет приоритетное право на покупку доли участия Подрядчика в Договоре.

7. На любом этапе действия Договора Концерн или Лицо, рекомендованное им в качестве Подрядчика, в соответствии со статьей 12 настоящего Закона и условиями Договора вправе приобрести не менее 15 процентов доли участия в Договоре.

Статья 54. Право собственности на имущество и информацию о недрах

1. Имущество, приобретённое или вновь созданное Подрядчиком и используемое им для выполнения Нефтяных работ по Договору, является его собственностью.

Право собственности на указанное имущество переходит от Подрядчика к Концерну со дня, когда стоимость указанного имущества полностью возмещена, или в ином порядке, установленном Договором.

При этом в течение срока действия Договора Подрядчику предоставляется право на пользование таким имуществом на безвозмездной основе для проведения

The Petroleum Law of Turkmenistan (20 November 2008)
Закон Туркменистана «Об углеводородных ресурсах» (20 ноября 2008 года)

Page | Страница 76 / 86

be liable for its proper maintenance and risks of accidental loss or accidental damage.

Composition of the Contractor's property, peculiarities on registering and evaluating it shall be performed as per the accepted international practice on registration and evaluation, as well as, Contract provisions, of Concern's property - as per the procedures defined mutually by the Concern and Ministry of Finance of Turkmenistan.

2. Geological, geophysical, geochemical, ecological and other information, the results of its interpretation and derivative data, data on oil and gas reserves, as well as samples of cuttings, cores, formation fluid samples, obtained by the Contractor in the course of the Petroleum Operations under the Contract, shall belong to the Cabinet of Ministers of Turkmenistan.

Such information shall not include proprietary rights and secrets of the Contractor.

3. Provided the confidentiality is observed as provided by Article 62 hereof and by the Contract, the Contractor shall be entitled, with a view to the conduct of the Petroleum Operations under the Contract, to use free of charge the information, data and samples specified in proviso 2 of this article.

4. Procedures to import out of Turkmenistan any information, data and samples, which to the Cabinet of Ministers (the Government) of Turkmenistan, by Contractors of Subcontractors in the conduct of Petroleum Operations shall be determined by the legislation of Turkmenistan and specified in the Contract.

Нефтяных работ, и Подрядчик несёт ответственность за надлежащее его содержание и риск случайной гибели или случайного повреждения.

Состав, особенности учёта и оценки такого имущества определяются у Подрядчика в соответствии с международной практикой ведения учёта и отчётности, принятой при проведении Нефтяных работ, и положениями Договора, у Концерна - в порядке, устанавливаемом Концерном по согласованию с Министерством финансов Туркменистана.

2. Геологическая, геофизическая, геохимическая, экологическая и иная информация, результаты её интерпретации и производные данные, сведения о запасах нефти и газа, а также образцы горных пород и руд, в том числе керн, пластовые жидкости, полученные Подрядчиком в процессе выполнения Нефтяных работ по Договору, являются собственностью Кабинета Министров (Правительства) Туркменистана.

В эту информацию не входят сведения об имущественных правах и коммерческой тайне Подрядчика.

3. Подрядчик при соблюдении условий конфиденциальности, предусмотренных статьей 62 настоящего Закона и Договором, имеет право безвозмездно пользоваться информацией, данными и образцами, указанными в части второй настоящей статьи, в целях выполнения Нефтяных работ по Договору.

4. Порядок вывоза Подрядчиком или его Субподрядчиком информации, данных и образцов, принадлежащих Кабинету Министров (Правительству) Туркменистана, за пределы Туркменистана в ходе выполнения Нефтяных работ определяется законодательством Туркменистана и

The Petroleum Law of Turkmenistan (20 November 2008)
Закон Туркменистана «Об углеводородных ресурсах» (20 ноября 2008 года)

Page | Страница 77 / 86

излагается в Договоре.

Article 55. Insurance

1. Contractors shall be obliged to obtain and maintain an insurance as follows:

1) all risks insurance, covering all plant, equipment, buildings and other property of the Contractor, used or intended for use in the conduct of Petroleum Operations;

2) insurance, covering eventual loss of Petroleum and its by-products up to the point in time and location at which the title is transferred from Contractor to the Concern (in respect of the Concern's entitlement share of production) or other persons;

3) insurance, covering costs for preventive measures as well as cleanup activities and recovery of damaged natural environment, including pollution of the air, water, surface and subsurface soil, subsurface resources under and in the Contract Area as well as outside;

4) general liability insurance, covering property damage and life and health harm, including third party (insurance) resulted from or in connection with the conduct of Petroleum Operations;

5) control-of-well insurance, covering control of well and re drill costs caused by accidents to wells in the Contract Area;

6) health, life and accidents insurance, covering the insurance for Contractor employees and other Persons, engaged by the Contractor for the conduct of Petroleum Operations;

7) insurance required by the current legislation of Turkmenistan on obligatory types of insurance;

8) such other insurance as would be applied by the Contract in conformity to internationally

Статья 55. Страхование

1. Подрядчик при проведении Нефтяных работ обязан применять и поддерживать следующие виды страхования:

1) страхование в соответствии с пакетом «все риски», охватывающее установки, оборудование, строения и другое имущество Подрядчика, используемое или предназначенное для использования в процессе проведения Нефтяных работ;

2) страхование, охватывающее возможные потери Углеводородных ресурсов и их попутных продуктов до момента и пункта передачи их Подрядчиком Концерну (в части принадлежащей Концерну доли продукции) или другим субъектам;

3) страхование, охватывающее расходы, связанные с превентивными мерами, ликвидацией последствий ущерба, причинённого окружающей среде, включая загрязнение воздуха, воды, почвы, подпочвы и недр на Договорной территории, а также за её пределами;

4) страхование вида «общая ответственность», охватывающее имущественный ущерб и вред жизни и здоровью, включая третьи Лица, причинённые в процессе проведения Нефтяных работ или в связи с ними;

5) страхование вида «контроль скважин», охватывающее расходы на контроль скважин и повторное бурение, вызванное авариями на скважинах на Договорной территории;

6) страхование вида «здоровье, жизнь и несчастные случаи», охватывающее страхование сотрудников Подрядчика и других Лиц, привлекаемых им к проведению

The Petroleum Law of Turkmenistan (20 November 2008)
Закон Туркменистана «Об углеводородных ресурсах» (20 ноября 2008 года)

Page | Страница 78 / 86

accepted practice in the conduct of Petroleum Operations.

2. The Contractor shall be obliged:

1) to obtain insurance for Petroleum Operations in compliance with the current legislation of Turkmenistan on insurance;

2) to require Operator and Subcontractor whose activities are connected with the conduct of Petroleum Operations to obtain, and maintain insurance in such forms and amounts stipulated by the relevant contracts of subcontractors and by the current legislation of Turkmenistan on insurance.

Article 56. Employment relations

1. The employment legal relations of the Contractors with its employees are regulated by the legislation of Turkmenistan, collective or individual employment contracts as well as by bylaws enacted in accordance with the labor code of Turkmenistan.

2. The Contractor shall be entitled to employ foreign employees. In this regard, the proportion of expatriate employees, no later than a year of the Contract effective date, shall not exceed 30 percent of the total manpower employed by the Contractor.

Any expatriates in excess of the statutory quota shall be determined by the Contractor upon agreement with the Concern only if qualified Turkmen citizens for certain positions are not

Нефтяных работ;

7) обязательные виды страхования, предусмотренные законодательством Туркменистана;

8) иные виды страхования, применяемые Подрядчиком в соответствии с международной практикой проведения Нефтяных работ.

2. Подрядчик обязан:

1) при осуществлении страхования Нефтяных работ соблюдать положения законодательства Туркменистана о страховании;

2) требовать от Оператора и Субподрядчика, деятельность которых связана с проведением Нефтяных работ, применять и поддерживать страхование в тех видах и суммах, которые предусмотрены соответствующими договорами субподрядов и положениями законодательства Туркменистана о страховании.

Статья 56. Трудовые отношения

1. Трудовые отношения Подрядчика с работниками регулируются трудовым законодательством Туркменистана, коллективными и индивидуальными трудовыми договорами (контрактами), а также иными нормативными правовыми актами, принятыми в соответствии с трудовым законодательством Туркменистана.

2. Подрядчик имеет право нанимать на работу иностранных работников. При этом число иностранных работников не позднее чем через год с даты вступления в силу Договора должно составлять не более 30 процентов от общей численности всех работников, привлечённых Подрядчиком.

The Petroleum Law of Turkmenistan (20 November 2008)
Закон Туркменистана «Об углеводородных ресурсах» (20 ноября 2008 года)

Page | Страница 79 / 86

available locally. In this regard, the Contractor shall prepare a special training program for (local employees to be employed in) such positions.

3. Employment contracts of the Contractor with foreign employees may contain special provisions in accordance with the international practice for entering such contracts.

In such case, the level of guarantees of labor rights of foreign employees should not be lower than the level of guarantees, provided for by the legislation of Turkmenistan.

4. The provisions under this article shall also apply to Subcontractors.

Article 57. Social insurance and social security

1. Social insurance and social security of the employees, which have entered into the employment legal relations with Contractor (except for the pensions provisions of foreign employees), are regulated by the legislation of Turkmenistan.

2. Contractor may contributes to the state social insurance schemes in respect of foreign employees only in such cases when the latter wish to enjoy social benefits in Turkmenistan.

3. The provisions under this article shall also apply to Subcontractors.

Article 58. Guarantees of Contractors' rights

Привлечение иностранных работников сверх установленных квот осуществляется Подрядчиком по согласованию с Концерном только в случае отсутствия работников-граждан Туркменистана соответствующих специальностей и квалификации. При этом Подрядчик обязан подготовить специальную программу подготовки кадров по таким специальностям.

3. Трудовые договоры (контракты) Подрядчика с иностранными работниками могут содержать особые положения в соответствии с международной практикой их заключения. При этом уровень гарантий трудовых прав иностранных работников не может быть ниже уровня гарантий трудовых прав граждан Туркменистана, предусмотренного законодательством Туркменистана.

4. Положения настоящей статьи также применяются в отношении Субподрядчика.

Статья 57. Социальное страхование и социальное обеспечение

1. Социальное страхование и социальное обеспечение работников, состоящих в трудовых правоотношениях с Подрядчиком (за исключением пенсионного обеспечения иностранных работников), регулируются законодательством Туркменистана.

2. Подрядчик может осуществлять взносы на государственное социальное страхование в отношении иностранных работников только в тех случаях, когда они желают пользоваться социальными льготами на территории Туркменистана.

3. Положения настоящей статьи применяются также в отношении Субподрядчика.

Статья 58. Гарантии прав Подрядчика

The Petroleum Law of Turkmenistan (20 November 2008)
Закон Туркменистана «Об углеводородных ресурсах» (20 ноября 2008 года)

Page | Страница 80 / 86

Contractor shall be guaranteed the protection of its rights in accordance with the provisions of international treaties to which Turkmenistan is a signatory party, this Law, the License and the Contract.

Article 59. Resolution of disputes

1. Disputes:

a) between the Concern and the License Holder, arising in connection with a suspension and (or) revocation of the License shall be possibly resolved by way of negotiations;

b) between the Concern and the License Contractor, arising in connection with the execution of the Contract shall be possibly resolved by way of negotiations, including the involvement of independent international experts, or in accordance with dispute resolution procedures previously agreed in the Contract.

2. In the event that disputes specified in proviso 1 of this article cannot be resolved within three months from the moment of a written communication from either part to the other, either party may, with prior written notification to the other party, refer to international arbitration bodies, in accordance with the Contract.

3. All other disputes, including disputes between the Contractor and the Concern and other Persons of Turkmenistan, shall be resolved by Kazyet (the court) and Arachy Kazyet (arbitration) of Turkmenistan.

Article 60. Force majeure

1. Failure by the Contractor to fulfill the terms of the License and (or) the Contract or to comply with the requirements of the legislation

Подрядчику гарантируется защита его прав в соответствии с положениями международных договоров, участником которых является Туркменистан, настоящим Законом, Лицензией и Договором.

Статья 59. Разрешение споров

1. Споры:

а) между Концерном и Обладателем лицензии, связанные с приостановлением действия и (или) аннулированием Лицензии, решаются, по возможности, путём проведения переговоров;

б) между Концерном и Подрядчиком, связанные с исполнением Договора, решаются, по возможности, путём проведения переговоров, в том числе с привлечением независимых международных экспертов, либо в соответствии с ранее согласованными в Договоре процедурами разрешения споров.

2. Если споры, указанные в части первой настоящей статьи, не могут быть разрешены в соответствии с её положениями в течение трёх месяцев с момента письменного обращения одной из сторон спора, то другая сторона, предварительно известив в письменном виде противоположную сторону, может в соответствии с Договором обратиться в международные арбитражные органы.

3. Все остальные споры, включая споры между Подрядчиком, а также Концерном и иными Лицами Туркменистана, разрешаются казыетом и арачи казыетом Туркменистана.

Статья 60. Форс-мажор

1. Невыполнение Подрядчиком условий Лицензии и (или) Договора либо несоблюдение им требований

The Petroleum Law of Turkmenistan (20 November 2008)
Закон Туркменистана «Об углеводородных ресурсах» (20 ноября 2008 года)

Page | Страница 81 / 86

shall not constitute their infringement if such actions are caused by war, act of war, military conflicts, natural hazard or other events envisaged by the legislation of Turkmenistan on emergencies and out of control of the Contractor, other causes as may be specified in the Contract as circumstances of force-majeure.

2. In the event of failure to fulfill terms of the License and (or) the Contract, the Contractor shall be obliged to immediately inform the Concern in that respect with indication of causes for such circumstances to arise.

3. Validity periods of the License and (or) of the Contract shall be extended for periods during which the Contractor did not exercise its rights and obligations in compliance with this Law, the License and (or) the Contract due to the circumstances of force-majeure.

4. In the event that circumstances of force-majeure endure for more than one year, either party has the right to propose to the other to terminate the Contract. The Contact shall be terminated as soon as such agreement is reached.

5. In the event that the circumstances of force-majeure remain during a period of more than two years, either party shall have the right to unilaterally terminate the Contract with prior notification to the other party one month before the intended termination date.

In the event that the Contractor did not recover its costs connected to the conduct of Petroleum Operations the Contract may be terminated on consultation with the Contractor.

6. In the event that the circumstances of force-majeure remain during a period of more than five years, the Concern shall be entitled to unilaterally terminate the Contract and compensate the Contractor's expenses under the Contract. The expense compensation amount and procedure shall be determined by way of

законодательства Туркменистана не являются нарушением, если эти действия вызваны войной, угрозой войны, стихийными бедствиями или иными обстоятельствами, предусмотренными законодательством Туркменистана о чрезвычайных ситуациях, носящими чрезвычайный характер и не зависящими от воли и действий Подрядчика, либо другими причинами, предусмотренными Договором в качестве обстоятельств непреодолимой силы.

2. В случае невыполнения условий Лицензии и (или) Договора вследствие наступления обстоятельств непреодолимой силы Подрядчик обязан немедленно информировать об этом Концерн с указанием причин возникновения таких обстоятельств.

3. Сроки действия Лицензии и (или) Договора продлеваются на периоды, в течение которых Подрядчик не исполнял свои права и обязательства в соответствии с настоящим Законом, Лицензией и (или) Договором по причине обстоятельств непреодолимой силы.

4. В случае если обстоятельства непреодолимой силы продолжаются более одного года, любая из Сторон договора вправе предложить другой Стороне расторгнуть Договор. По достижении согласия сторон Договор расторгается.

5. Если обстоятельства непреодолимой силы сохраняются в течение периода, превышающего два года, любая из Сторон договора вправе в одностороннем порядке расторгнуть Договор, предварительно за один месяц уведомив об этом другую сторону Договора.

В случае если Подрядчик не возместил свои затраты, связанные с проведением Нефтяных работ, Договор может быть

The Petroleum Law of Turkmenistan (20 November 2008)
Закон Туркменистана «Об углеводородных ресурсах» (20 ноября 2008 года)

Page | Страница 82 / 86

negotiations between the Concern and the Contractor.

7. This Article shall not apply on the requirement of payments to be made in due time, as provided for by this Law, the License and (or) the Contract.

расторгнут при наличии согласия Подрядчика.

6. Если обстоятельства непреодолимой силы продолжаются более пяти лет, то Концерн имеет право в одностороннем порядке расторгнуть Договор с Подрядчиком с возмещением его затрат по Договору. Сумма и порядок возмещения затрат определяются путём переговоров между Концерном и Подрядчиком.

7. Действие настоящей статьи не распространяется на требования своевременного осуществления платежей, предусматриваемых настоящим Законом, Лицензией и (или) Договором.

The Petroleum Law of Turkmenistan (20 November 2008)
Закон Туркменистана «Об углеводородных ресурсах» (20 ноября 2008 года)

Page | Страница 83 / 86

CHAPTER XI - FINAL PROVISIONS

ГЛАВА XI - ЗАКЛЮЧИТЕЛЬНЫЕ ПОЛОЖЕНИЯ

Article 61. Information required by the Concern

The Concern shall have the right to summon the Contractor to furnish writing information and data related to Petroleum Operations, such data including also world price of Petroleum. The Contractor shall be obliged to provide such information.

Article 62. Confidentiality clause

1. Neither party has the right to publish, disclose or transfer any information, which is considered confidential and is related to Petroleum Operations, to a third party, without prior written consent of the other Contracting Party.

2. Confidential information may be supplied to legal counsels, accountants, other consultants, underwriters, lenders, Subcontractors, shipping companies, subject to a prior written undertaking from such Persons not to disclose the information received.

Article 63. Indemnity of Turkmenistan and the Cabinet of Ministers (the Government) of Turkmenistan

A License Holder and Contractor shall keep the Cabinet of Ministers (the Government) indemnified against all actions, claims and demands from any third parties, which may be brought or made against the Cabinet of Ministers (the Government) by reason of anything done by such License Holder and the Contractor in the exercise of the their rights and obligations under this Law, the License and the

Статья 61. Информация, требуемая Концерном

Концерн имеет право обязать Подрядчика предоставить в письменном виде информацию и данные о Нефтяных работах, включая информацию о мировых ценах на Углеводородные ресурсы. Подрядчик обязан предоставить такую информацию.

Статья 62. Конфиденциальность информации

1. Ни одна из Сторон договора не вправе публиковать, разглашать или передавать третьей стороне какую-либо информацию, считающуюся конфиденциальной и имеющую отношение к Нефтяным работам, без предварительного письменного согласия другой Стороны договора.

2. Конфиденциальная информация может быть предоставлена юрисконсультам, бухгалтерам, другим консультантам, гарантам, кредиторам, Субподрядчикам, компаниям по перевозке грузов при условии предварительного письменного обязательства этих Лиц о неразглашении полученной информации.

Статья 63. Неприкосновенность Кабинета Министров (Правительства) Туркменистана

Обладатель лицензии - Подрядчик обязан обеспечивать неприкосновенность Кабинета Министров (Правительства) Туркменистана в отношении всех действий, претензий и требований любых иных третьих Лиц, которые могут быть выдвинуты против Кабинета Министров (Правительства) Туркменистана в связи с какими-либо действиями Обладателя лицензии-

The Petroleum Law of Turkmenistan (20 November 2008)
Закон Туркменистана «Об углеводородных ресурсах» (20 ноября 2008 года)

Page | Страница 84 / 86

Contract.

Подрядчика при осуществлении своих прав и исполнении обязательств в соответствии с настоящим Законом, Лицензией и Договором.

Article 64. This Law in effect

Статья 64. Вступление в силу настоящего Закона

1. This law shall be in effect from its official publication date.

1. Настоящий Закон вступает в силу со дня его официального опубликования.

2. As from the effective date of this Law, the following shall be deemed repealed:

2. Со дня вступления в силу настоящего Закона признать утратившими силу:

Petroleum Law (new revision) enacted by the Parliament of Turkmenistan on 6 December 2005 (Parliament Bulletins 2005, No. 3, 4 art. 27);

Закон Туркменистана «Об углеводородных ресурсах» (новая редакция), принятый Меджлисом Туркменистана 6 декабря 2005 года (Ведомости Меджлиса Туркменистана, 2005 г., № 3, 4, ст. 27);

"Amendments to certain statutory acts of Turkmenistan" enacted by the Parliament of Turkmenistan on 30 March 2007 (Parliament Bulletins 2007, No. 1 art. 40).

часть пятую Закона Туркменистана «О внесении изменений в некоторые законодательные акты Туркменистана», принятого Меджлисом Туркменистана 30 марта 2007 года (Ведомости Меджлиса Туркменистана, 2007 г., № 1, ст.40).

3. Hence, until bringing other regulations in balance with this Law, those shall apply in so far as they are not in conflict with this Law.

3. Впредь до приведения законов и иных нормативных правовых актов Туркменистана в соответствие с настоящим Законом они применяются постольку, поскольку не противоречат настоящему Закону.

4. The force of this Law shall apply to legal relations arising after its effective date.

4. Действие настоящего Закона распространяется на правовые отношения сторон, возникающие после вступления его в силу.

As for legal relations started prior to the effective date of this Law, the provisions hereof shall apply to those rights and obligations started after the effective date of this Law.

По правовым отношениям сторон, возникшим до вступления в силу настоящего Закона, его положения применяются к тем правам и обязанностям, которые возникли после вступления в силу настоящего Закона.

As for any acts declared as repealed upon the enactment of this Law, any legal relations entailed will be regulated by these acts unless the parties express willingness to have their relations regulated in accordance with this Law.

No provision of this Law, aggravating the situation for a Holder of a License granted before the effective date of this Law or for the Contracting Parties to current Contracts shall

The Petroleum Law of Turkmenistan (20 November 2008)
Закон Туркменистана «Об углеводородных ресурсах» (20 ноября 2008 года)

work retroactively.

5. The enactment of this Law shall not entail any amendments to the validity periods of previously granted Licenses or current Contracts.

6. The enactment of this Law shall not entail any amendments to the validity periods of previously granted Licenses or current Contracts.

7. Licensing of petroleum operations on exploration and production of hydrocarbon resources not regulated by this Law shall be carried out in accordance with the Law of Turkmenistan "On licensing of certain types of activity".

President of Turkmenistan
Gurbanguly Berdymuhamedov

Ashgabat
20 August 2008
No. 208-III

К правовым отношениям сторон, возникшим на основании нормативных правовых актов Туркменистана, признанных утратившими силу в связи с введением в действие настоящего Закона, применяются эти нормативные правовые акты, кроме случаев, когда сами стороны отношений изъявляют желание регулировать свои взаимоотношения в соответствии с положениями настоящего Закона.

Нормы настоящего Закона, ухудшающие положение Обладателя лицензии, получившего Лицензию до вступления в силу настоящего Закона, и Сторон договора по действующим Договорам, обратной силы не имеют.

5. Введение в действие настоящего Закона не влечёт за собой изменения сроков ранее выданных Лицензий и действующих Договоров.

6. Положения части второй статьи 9 настоящего Закона применяются к соответствующим правоотношениям, возникшим с 18 октября 2005 года.

7. Лицензирование работ по разведке и добыче углеводородных ресурсов, не регулируемых настоящим Законом, осуществляется в соответствии с Законом Туркменистана «О лицензировании отдельных видов деятельности.

Президент Туркменистана
Гурбангулы Бердымухамедов

г. Ашхабад
20 августа 2008 года
№ 208-Ш

The Petroleum Law of Turkmenistan (20 November 2008)
Закон Туркменистана «Об углеводородных ресурсах» (20 ноября 2008 года)

Page | Страница 86 / 86